大学教授として活躍していた、カウナス時代の
ステポナス・カイリース

カイリース小中学校が保存する郷土の偉人の思い出

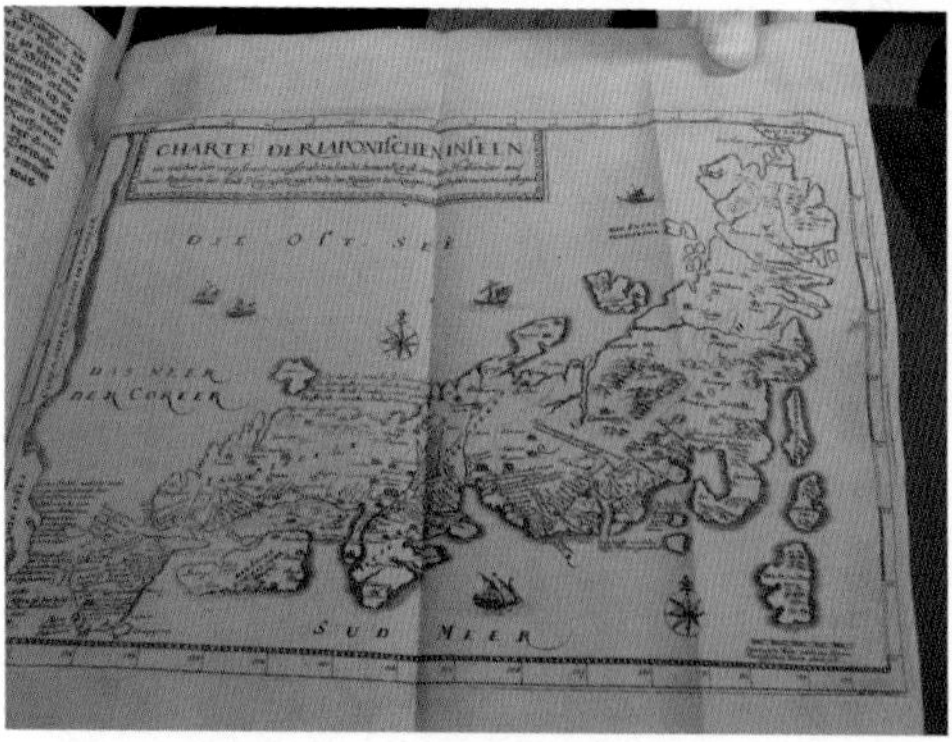

カイリースも見ただろうと思われる日本地図

日本からの訪問団を熱烈歓迎してくれたカイリース小中学校の生徒と先生たち

リトアニアの原始宗教ロムヴァの祭司、イニヤさん

歴史建造物が並ぶヴィルニュスの旧市街は、1994 年にユネスコの世界文化遺産に登録された

リトアニア独特のデザインによる十字架はユネスコの無形文化遺産（アドルファス・テレスス作）

産経NF文庫
ノンフィクション

リトアニアが夢見た明治日本

平野久美子

潮書房光人新社

序文 ――一〇〇年前、リトアニアで著された日本人論

リトアニア共和国駐日特命全権大使　オーレリウス・ジーカス

リトアニアは、北欧にあるバルト三国の最も南に位置し、国家として七〇〇年以上の歴史、独特な文化や言葉を有しています。一九九〇年にソビエト連邦から再び独立を宣言したリトアニアは、民主化、経済成長、デジタル化の成功例として国際的に知られており、今ではEU（欧州連合）、NATO（北大西洋条約機構）、OECD（経済協力開発機構）の加盟国です。

日本とリトアニアは、六〇〇〇キロメートルほど離れていますが、民主主義、人権、国際社会が作った規則の尊重という価値観を一緒に分かち合っています。一九二二年に樹立された両国の国交関係は、二〇二二年に発表された「戦略的パートナーシップ」という形で新しい節目を迎えました。

一九四〇年にリトアニアのカウナス市で、ユダヤ人に〝命のビザ〟を発給した日本の副領事・杉原千畝氏が世界的に知られていますが、その他にも日本とリトアニアを結ぶ見事で興味深いエピソードが、最近、いくつか取り上げられています。例えば、日本語の記録に初めて「リッワニヤ」という地名が載った一七九五（寛政七）年の地図のこと、一八六二（文久二）年にリトアニアを列車で通った文久遣欧使節団の一員であった福澤諭吉が残した日記、一九二九（昭和四）年にモーターバイクで日本まで行くことを試みた、ジャーナリストのマタス・シャルチュスの冒険などです。

さらに、両国を結ぶ興味深いエピソードは、リトアニアの知識人ステポナス・カイリース（一八七九〜一九六四）によって、一九〇六（明治三十九）年に書かれた日本人論です。強大なロシア帝国に挑んだ小国の日本が日露戦争に勝利したので、若きカイリースは非常に驚き、「小国でも大国を負かせる」という刺激を受け、後に、リトアニアという小国をロシア帝国からの独立へ導いたリーダーの一人となりました。ですから日本は、一九一八年のリトアニアの国家再建のために大変貢献した国となったわけです。

私が本書の著者の平野久美子氏と知り合ったのは、彼女がステポナス・カイリースの調査でリトアニアのカウナス市を訪れた二〇一〇年でした。この時、現地で通訳と取材のお手伝いをし、年末に『坂の上のヤポーニア』（産経新聞出版刊）というタイトルで、カイリースの日本論を紹介する本が世に出たのは、大変喜ばしいことでした。その後も、ドキュメンタリー映画の作成、リトアニアにおける桜の植樹など、様々なプロジェクトに一緒に取り組んできました。長年に渡ってリトアニアを愛し、リトアニアのために大変貢献してくださっている平野氏に心から感謝をいたします。

今回、駐日リトアニア大使として、本書の序文を寄稿できたことに、大変ご縁を感じております。目次を見ればおわかりのようにカイリースの日本論の話のほか、リトアニアの地理や歴史、文化の紹介なども載せられているので、カイリースが一〇〇年以上前に著した日本人論の背景が、日本の読者により分かりやすくなっているに違いありません。

本書を通じてリトアニアと日本の総互理解がより深くなることを、心から祈念いたします。

まえがき――〝ただいま〟と言える外国

バルト三国のエストニア、ラトヴィアでは五年ごと、リトアニアでは四年ごとに、壮大な歌と踊りの祭典が一〇〇年以上（註・リトアニアだけは二〇二四年に一〇〇年を迎える）も続いている。二〇〇四年に、エストニアの首都タリンでこのイベントが開かれることを知った私は、バルト三国を訪ねる良い機会と思い、パリを訪れる前に初めてエストニアからリトアニアまで旅をした。

成田空港で、搭乗前に電気の変圧器を買おうと思い、どのタイプが使えるのかを店員に確認すると、逆にこう聞かれた。

「バルト？……アフリカの国ですか？」

無理もない。二〇〇四年当時、日本人の多くにとってバルト三国は身近なヨーロッパとは言い難かった。それに、「把瑠都」（バルト）というしこ名を持つエストニア出身の力士は入幕したばかりで、彼がメディアに登場するようになったのは数年後、幕内に昇進してからのことだった。

本書の舞台となるリトアニアはバルト三国の中で一番南に位置している。私が初めて訪れた二〇〇四年は、まだ社会主義の残滓がそこかしこに漂よっていて、見た目にも地味な国だった。いわゆる〝命のヴィザ〟を発行して、ポーランド系のユダヤ人を救った外交官杉原千畝とのゆかりが深い国とはいえ、当時の日本人観光客数は年間一万人に届いていなかった。

それから約二〇年が経ち、リトアニアはEUやNATOに加盟して、小国ながら昨今、存在感を増している。日本とリトアニアは政治、経済、文化など各方面で交流が年々盛んになってきて、二〇二二年には友好百周年記念の行事が日本とリトアニアの双方で行われ、まさに時代の移り変わりを感じる。さらに、この年、ロシアがウクライナへ侵略して戦争を起こしたことで、民主主義、自由、人権の尊重という普遍的な価値観を持つ国同士として、リトアニアをはじめとするバルト三国と日本との連帯はいっそう強まっている。

こうした風潮に後押しされたこともあり、二〇一〇年に刊行した『坂の上のヤポーニア』（産経新聞出版刊）を増補改訂し、新たな題名のもとにお届けすることになった。

『坂の上のヤポーニア』は、リトアニアが帝政ロシアの支配を受けていた十九世紀の末に生まれた青年が、日露戦争（一九〇四～一九〇五）での日本の勝利に触発されて二十世紀初頭に著した、三冊の日本論を紹介したものだ。

日本が帝政ロシアを打ちまかしたというニュースは、当時の中国、インドネシア、トルコ、エジプト、エチオピアなど多くの国々に驚きと興奮を与えたが、ロシア敗戦の衝撃波は、ヨーロッパ大陸の北西のバルト海に面したエストニア、ラトヴィア、リトアニアにも及んだ。そのショックがどのように広がっていったかは、本文をお読み頂くとしよう。

リトアニア人に向けてリトアニア語で書いた、リトアニア初の日本論の著者の名前は、ステポナス・カイリース（一八七九～一九六四）という。後の一九一八年に、リトアニアが国家を再建した際に憲法の草案作成にも参加し、独立宣言に署名した人物である。

本書は前作に、リトアニアの歴史や文化や自然の魅力を書き加え、構成し直したものである。リトアニアの国民性や日本の文化との思わぬ共通点などもなるべく拾い上げて、私たちとの相似点を考察しながら、一〇〇年以上前に出版された「日本論」が及ぼした影響を記した。

まだ訪れたことのない方もステポナス・カイリースを見習って、夢想の翼を広げてリトアニアまで飛んで行ってほしい。そしてこの魅力的な国をいつか訪ねてほしい。カイリースが蒔いた種があちこちで花開いていることを見聞するだろう。親日家のリトアニア人との交流もぜひしていただきたい。

総天然色に国中が彩られ、日本と同様に自然を敬愛する精神で生活を営む人々が住むリトアニア。初めて訪れる日本の旅人も、思わず「ただいま」、と言いたくなる親しさにあふれている。そんなリトアニアを紹介する機会がひとつ増えたことを、私は大変嬉しく思っている。

リトアニアが夢見た明治日本——目次

第三章　不思議の国に憧れる

第四章　奇跡が起きている

第五章　近代日本を観察する

第六章　我々も革命を欲す

第七章　カイリースに出会う旅

リトアニアが夢見た明治日本

第一章　リトアニアと日本との親和性

神様がいっぱい

リトアニアの国土面積は約六万五三〇〇平方キロメートル。日本の東北六県を合わせたくらいとも、北海道の四分の三くらいのサイズとも言われている。首都のヴィルニュスに向かって下降する飛行機の窓から眼下を眺めると、ほとんど標高差がない平らな大地が広がっている。氷河期に削られてできた地形だそうだが、周囲を山で囲まれた島国で育っていると、たおやかな丸みのある地平線がはるか彼方まで延びている景観に、新鮮な感覚を覚える。

初夏ならば萌葱《もえぎ》色の牧草地と緑の森がやわらかな段通絨毯のように広がる。高層ビルや工場地帯や住宅密集地はほとんど見あたらず、大小三〇〇〇もあるという湖が大地に水玉もようをつくりだす景色は、精霊の住み処のように思えるほどだ。

北はラトヴィア、南はポーランド、南の一部と東をベラルーシ、西をバルト海に囲まれているが、バルト海南岸に面するカリーニングラード（もともとはドイツ騎士団が十三世紀に拓いた貿易都市ケーニヒスベルグ）は、ロシアの飛び地で軍事要塞になっている。

なぜこんな複雑なことになったかといえば、そもそもは第一次世界大戦がドイツの敗戦によって終了した際に、西プロイセンがポーランドに割譲されたことによる。東プロイセンはその後ポーランドとソ連との間で分割されたのだが、第二次世界大戦後はソ連に編入されたため、ソ連崩壊後はロシア領となり今にいたっている。

自然が息づいている穏やかな国土のせいだろうか。リトアニアでは自然を敬い、いたるところに神が存在するという古くからの信仰心が根づいている。そう、日本人が八百万（やおよろず）の神々を感じ、太陽や深い森に信仰心を持ち、季節の節目ごとに行う行事を大切にしているのとよく似ている。

そもそもバルト諸国は昔から多神教を崇拝していた。中でもリトアニアは、各国を制圧するたびにキリスト教を押しつける十字軍にとっては異教大国として知られ、長い間戦いが続いた。リトアニアは十五世紀になってようやくキリスト教を受けいれ、じょじょに国民の間に広まっていくが、ヨーロッパの中では最も遅くキリスト教が根づいた国として知られている。現在は、国民のほとんどがローマ・カトリック信者というお国柄だけれど、街にはユダヤ教のシナゴーグもあればロシア正教の教会もある。

そうした歴史とは別に、初めての訪問の時から「なんだか日本と似ているなあ」という感覚を、私はいたるところで感じた。たとえば地元の若者にも観光客にも人気のヴィルニュス市内にある〝ウジュピス共和国〟（一九九七年に〝独立〟した文化芸術地区）にかかる橋を渡った時に、おびただしい数の錠前が橋のらんかんにぶら下がっているのを見つけた。

――これは何だろう？

そう思って、通訳をお願いした方に聞いてみると「願い事を叶えるためのおまじないみたいなもの」との返事。恋人たちが願掛けに錠前をぶらさげるのだという。

郊外に出かけると、辻ごとに石敢富のような小ぶりの石柱や道祖神のようなほこらが建てられている。またしても「これは何？」と疑問が湧く。すると、「道行く人やコミュニティを守る神様」だと地元の人が教えてくれた。養蜂農場に取材に行った時、彼らが作業の前に自然界への感謝を込めて、大地の神様やハチの神様にお祈りを捧げることを知って、さらに親近感を覚えた。

このように、あっちにもこっちにも目には見えないがさまざまの神様がいて、リトアニアの人々は感謝を捧げながら暮らしているらしい。なんだか私たちと似ていませんか?

原始宗教が生きている

こうした自然界への感恩は、私たち日本人の深い心の琴線にふれて、好ましい感情がわき上がる。二〇二二年に原始宗教ロムヴァ（Romuva）について知る機会を得て、私は両国の親和性をいっそう確信した。

ロムヴァと呼ぶ伝統的な信仰は多神教である。現在もこの教えにのっとって祭礼を行う習慣があるそうだ。そこで、詳しいことを知りたくなり、ロムヴァの祭司を務めるイニヤ・トリンクーニエネさんをヴィルニュスの自宅に訪ねた。

イニヤさんが住むアパートメントの客間には、祭司の衣装を身につけて、深い森の一角の、大木の下に座っている彼女の写真が飾られていた。壁一面が深閑とした森と化している。その前に立ってじっと眺めていると、彼女が森とそこに棲む生き物などの神々と対話しているように思われた。

イニヤさんはベテランの祭司のせいか、普段着姿で座っていても、有り難いオーラが出ている。彼女は私たちにハーブティーをふるまいながら、にこやかに応対してくれた。そこで、私は以前から聞いてみたいことを早速質問する。

――ロムヴァは多神教と聞いていますが、アニミズムとも言えるのでしょうか？

「そうですね、太陽の神、月の神、星の神、雷、雨、光、風の神々のほか、森の神、動物の神、昆虫の神、植物や花の神など、数えあげたらキリないほど、ロムヴァの神々は多いのです。中でも位の高い神々は、大地の神（ジェミーナ）火の神（ガビヤ）、運命の神（ライマ）、それと男性である雷の神（ペルクーナス）ですが」

冬が長く厳しい土地柄、太陽神が最も上位にあることは容易に理解できる。六月の夏至祭、十二月の冬至祭は、リトアニアの人々にとって重要な祝祭日となっている。

「特に、夏至祭はとても重要な祭日です。今も昔も、ロムヴァの伝統的な祈りや歌で祝います」

夏至祭には、森の中にある聖地を祭壇に見立ててかまどを作り、草花で周囲を飾る。それから火を焚いてお供え物を捧げ、イニヤさんら祭司が祈りを捧げる。それから、伝統的な衣装と草花で作った花の冠をつけた人々が祭壇を囲んで、古くからある楽器に合わせて聖なる歌を捧げるのだという。呪文にも似た歌を合唱するうちにトランス状態も起こり、聖なる神々との出会いを感じるのだろうか。話を聞いただけで、大変幻想的な式典を想像できる。

――ロムヴァは、自然界のすべてに神様が宿っていると考えるのですか？　それとも何か特別なものに神が宿ると考えるのでしょうか？

「その人にとって〝聖なるもの〟、それが神様なのです。だから、キリスト教と違ってとても間口が広いの。あなたにとって聖なるもの、私にとって聖なるもの、それぞれのとらえ方で神の宿っているものが違うのです」

――ではイニヤさんにとっての聖なるもの、って何でしょうか？

すると、イニヤさんは即座に答える

「火。歌を歌う行為。それとこの考古学的なアイコン。これらは私にとって聖なるものですから、神の存在を感じています」

そう言いながら、彼女は胸に下がるシルバー製のペンダントを見せてくれた。一見すると二匹の蛇がからみあっているようだが、ふたつの相反する神秘的な力が組み合わさり、調和する状態を表しているのだそう。

この考えは日本人にもわかりやすい。なぜなら、陰と陽、天と地、生と死、などのように、対立するふたつの概念やモノをさらなる次元に高めていくと、新しい秩序が生まれることを私たちはうすうす知っている。だからイニヤさんの胸に下がるペンダントも、相反する力がひとつになって、神秘的な調和や新しい力が生まれることを教えているのだろう。

「ロムヴァの神々は感覚的なものですから、外国の方には少し難しいかも知れませんね。言い方を変えますと、ロムヴァは信仰ですから伝統的な習慣や感性とも言えます。教義があったり経典があるわけではないのです。つまり、私たちリトアニア人の精神や生活の一部になっているのです」

自宅で語るロムヴァの祭司イニヤさん

ということは日本の神道とも近い。私たちが、お正月には新たな気持ちになって新年を祝い、節分から冬至までの季節ごとの行事を生活の中に取り入れていることとほとんど同様だ。さらに、死者と生者の境界を設けない点も似ている。

「リトアニアでは、古くから、死んだ人たちは雲の上にある椅子に座って地上の私たちを見守っていると考えます。また死者の魂が木に宿れば、その木を使って楽器を作り奏でます。そうすると亡くなった人たちを身近に感じることができます」

死者は、仏教のように輪廻転生をするわけでもなく、キリスト教のように神が定めた天国や地獄に行くわけでもない。常に自分たちの周囲にあって生者を見守ってくれるとても近しい存在なのである。お墓参りは死者に会いに行くことであり、それは宗教を超えた民俗的な祭祀であるという。

特に、祖先の霊（祖霊）は「地霊」となって自然界に宿り、子孫の生活を守っているという考え方は、日本の民俗に通じるものがある。つまり、祖先の霊に見守られている自分も、死ねば祖先の霊のもとに帰り、地霊となって子孫の生活を見守るという考えに似ている。

ソ連時代は宗教が禁止されていたが、それでも人々は注意深く地下に潜行してロムヴァを伝え、守ってきた。もちろん見つかればソ連の秘密警察ＫＧＢに連行される。厳しい弾圧の最中でも、一九六七年にはロムヴァの教えにのっとって夏至祭をひそかに祝った。

「夫と友人たちが主催し、ケルナヴェで行いました。現在のようにスマホやＳＮＳもありませんから、人から人へ口づてに伝えて二〇〇名ほどが集まったのです。石のかまどで火をたいて、火の神ガビヤと大地の神ジェミーナに祈りを捧げ、先祖の霊を慰めました」

ロムヴァを始めとする宗教行事が自由に行えるようになったのは、独立回復後の一九九一年からで、イニヤさんたちがロムヴァの組織をもてるようになったのは一九九二年からである。

インタビューの最後に聞いてみた。ロムヴァを現代に伝える活動の意味はどこにあるのかと。それに対するイニヤさんの回答は明快だった。

「私たちリトアニア人のアイデンティティーを形成している先祖、過去の出来事、伝統の神々とつながることです。歌や踊りも同様ですが、古くからの精神性、民族の伝統を次の世代に伝えることこそ、ロムヴァの活動の大きな目的ですね」

道祖神と十字架

リトアニアの十字架のデザインは、ロムヴァの影響も受けている。原始宗教の持つ

独特の装飾が施されたリトアニアの十字架

エネルギーとダイナミズムにあふれていて、非常にユニークな十字架の工芸とフォルムは、ユネスコの世界無形文化遺産にも登録されている。

リトアニアの地方へ出かけると、村落の角ごとや庭先にこうした十字架が立っていて、まるで日本のお地蔵様や道祖神のようだ。

南部ドゥルスキニンカイ地方の、ある十字架工房を訪れた時のこと。

この地方で第一人者と言われるアンタナス・チェスヌリスさんの野外アトリエには、切り出して乾燥中のオーク材がうずたかく積まれていた。どこからが森で、どこまでが彼の庭だか見当の付かない広大な敷地には、完成して納品するばかりになっている十字架がいくつも出荷を待ち、何本かは森を背景にそびえ立っていた。

完成したばかりの作品を拝見したところ、支柱には唐草模様に似たモチーフがていねいに彫り込まれ、十字の真ん中にはミニチュアハウスのような祠があって、そこにキリスト像や聖母像が収められている。そして十字の周囲は、まるで先住民のプリミティブアートのような力強いモチーフが添えられ、他のヨーロッパ諸国の絵画に描かれてきたものや教会で出会う十字架とは、まったく趣が違う。

人々は、自然界の動物や植物、天体の神々などのアイコンを加えたスピリチュアルな十字架を、墓地や教会のそばだけでなく、原野や畑、村や町の入り口や四つ辻、個人宅の庭先に立てていくのだという。

「教会だけとは限りません。空にも森にも水辺にも神様はいますから、十字架はどこへ立ててもかまわないんですよ」

アンタナスさんが話すように、ユニークな十字架はリトアニアの精神性のシンボルでもある。

巨木から作品を作る十字架職人のアンタナスさん

カウナス近郊の、日本で言えば人

間国宝にあたる称号を持つ十字架作家のアドルファス・テレススさんの工房を訪ねたときも、作家たちのインスピレーションの豊かさに驚嘆した。十字架には太陽や雲や星や植物をかたどった、神話の世界を思い起こすような装飾や、屋根付きの小さな小屋が付いたものもあり、その中にキリスト像が祀ってある。

そうかと思えば、支柱自体にさまざまなモチーフが彫ってあるものや、必ずしも十字のかたちをしていないものもある。キリスト像やマリア像がついてなければ、世界各地の先住民のアートのようだ。テレシュスさんは次のように語った。

「私たちの十字架は、民衆が何百年もかけてリトアニアの文化の一部にしたものなんです。名も無い人々の祖国を愛する心と多くの願いが込められているオブジェ。それがリトアニアの十字架と言ってもよいでしょう」

「一九五〇年代、一九六〇年代に多くのレジスタンスの若者が森の戦場で命を落としました。その鎮魂の意味もあって森に十字架を立てるのです。村に立てるのは、十字架が村人を守り、二度と悲惨な時代が繰り返されぬことを祈っているのです」

リトアニアの人々は先祖伝来の神とキリスト教を合体させて、鎮魂や平和の願いの十字架を創り上げた。教会だけが祈りの場でないことを十字架は教えてくれる。

数えきれぬほどたくさんの十字架が建つシャウレイの丘

シャウレイの抵抗と祈り

リトアニアで四番目に大きい都市シャウレイの郊外に、〝十字架の丘〟と呼ばれている聖地がある。一九九三年には当時のローマ法王、ヨハネパウロ二世も訪れた巡礼地として知られている。

十字架の丘はカウナスから北へ約一四〇キロメートルの場所にある。ラトヴィアとの国境もそう遠くない。もともとは城山だったこの場所に十字架の丘ができたのは、およそ十九世紀半ばのこと。専制的な帝政ロシアの統治に対して、リトアニアとポーランドの民衆が大規模な反乱をおこしたのが一八三一年と一八六三年。だが、ことごとくロシア軍に鎮圧されて蜂起は失敗に終わり、多数の犠牲者が出た。そのため彼らの勇気を称え、鎮魂を祈って十字架がシャウレイの丘に建てられたのが始まりだ。

その後も多くの人々が、弾圧や流刑で亡くなった犠牲者のために十字架を立てて追悼を続けた。十九世紀末には一五〇本もの大型十字架が立つようになり、二十世紀に入ってからもナチス・ドイツやソ連の支配にあえぐリトアニア民衆の、祈りとレジスタンスの象徴の場となった。

第二次世界大戦後にリトアニアを併合したソ連政府は、何度もブルドーザーを導入して丘を壊し、十字架を引き抜いて廃棄した。それに対してリトアニアの人々は、翌日にはすぐに新しい十字架を何本も立て、ロザリオや聖母マリア像で飾り立て、無言の抵抗を貫いた。独立回復後の現在、シャウレイの丘は平和を願う巡礼地になっている。

シャウレイの十字架の丘の参道には、白木の十字架やロザリオの売店があり、巡礼者や観光客は十字架に願いごとを書いて丘に立てることができる。そのため、日々十字架の数は増えている。聖地シャウレイでのこうした行為は、私たち日本人が絵馬にお願いごとを書いて神社に奉納する願掛けにそれとなく似ている。

現在、シャウレイの丘に立つ十字架は二〇万本以上と言われているが、正確な数はわからない。さまざまのデザインの十字架を眺めていると、百数十年にわたって人々が守り抜いてきた民族の希望や魂を感じることができる。

第二章　国家を復元した力

独立回復の立役者に会う

リトアニアは島国の日本とは違って地政学上、北からも南からも多くの外国の干渉を受けて、一九九一年の独立回復まで長い苦汁と苦難の日々を重ねてきた。

第二章では、第二次世界大戦後にソ連の支配下に再び置かれたリトアニアが、一九九〇年に、正式に独立を回復するまでのいきさつを理解していただくために、まず、二〇一〇年に行った元国家元首のヴィータウタス・ランズベルギス氏のインタビューを再録する。

彼は、一九八八年に発足したリトアニア独立回復運動の「サユディス」（註・独立回復に大きな役割を果たした大衆運動。一九八八年に民族自決、政治的自由を目指す作家や学者、ジャーナリストらによって結成され国民的な運動へと拡がった）の創立にかかわり、国家元首（リトアニア共和国最高会議議長）となって独立を回復する立役者となった人物である。

彼は偉大な指導者として尊敬を集めながら、今もなお政界の重鎮として、また、ソ連時代の心の傷をいやすピアニストとして、音楽理論家としても存在感を発揮している。

私がランズベルギス氏にお目にかかった二〇一〇年は、リトアニアが一九九〇年に独立回復宣言を行ってから二〇周年にあたる節目の年でもあった。その記念すべき年に、ソ連の圧政からバルト三国を解放するために市民運動「サユディス」の先頭にたって活動してきた元リーダーにインタビューをできたことは、今から思っても非常に意味深く、嬉しいことであった。

第二の都市であるカウナスに到着したその日は、北の大地にも輝かしい夏のきらめきがあふれ、総天然色で彩られた大地はさらに美しさを増していた。夏至が近づくと世界が一変して若草も若葉も花のつぼみもいっせいに萌え出して来る。みずみずしい樹精や湿った土の匂い、野を染める紫のラヴェンダーの、むせかえるような花の香りが大気にあふれ、生命の躍動をいたるところで感じた。三度目の訪問は、リトアニアのセンス・オブ・ワンダーを強く感じる季節だった。

多忙な国家元首とのアポイントの前に、まず、ステポナス・カイリースの遺骨が埋葬されているという墓地へ行ってみたことは忘れられない想い出だ。

二〇一〇年のこの日、六月十四日は、一九四一年に旧ソ連政府による計画的な、一般市民の大量追放の一番列車が、首都ヴィルニュス郊外のナウヨーイ・ヴィリニャ駅（註・首都ヴィルニュスの東、約十キロメートルに位置する小さな駅）からシベリアへ向かってからちょうど七〇年目の節目に当たる日でもあった。

カウナスのはずれにある共同墓地は、花束を手にした家族連れや墓石の前にぬかずいて死者に語りかける遺族があちこちに見受けられた。ここに眠る人々は、祖国で安穏に生を終えられたのだろうか？　墓碑に刻まれた短い一生は、無念の死を意味しているのではないだろうか？　思わずそう案じてしまうほど、多くのリトアニア人はシベリアで命を失っている。

市民たちは昨日までの生活を奪われ、家畜を運搬するような粗末な貨物列車に子供も大人もぎゅうぎゅうに詰め込まれた。厚い鉄板のトビラが大きな音を立てて閉まった瞬間、人々は前途にままならぬ運命が待っていることを悟っただろう。

貨車が線路を軋《きし》ませながら走り出すと、甘い初夏の香りが、プラチナ色の光が、鉄板のすきまからわずかに入り込んできた。不安と恐怖で憔悴しきった人々は、鉄路の脇に咲く赤いひなげしの花に見送られながら、さいはての流刑地へと旅立ったのである。

リトアニア民族の抹殺を狙ったかのようなこの非道な強制移住は、一九五〇年代まで断続的に続いた。極寒の地へ追いやられて命を落とした人々は、およそ二万人に近いと推定されている。

さてカイリースの墓は、案内役のジーカス先生と一緒にしばらく探し回った末にようやく見つかった。ずらっと並ぶ灰色の墓石と似たようなデザインで、とりたてて特別感はなかった。名前を確かめられなかったら、通り過ぎていたかも知れない。カウナス市に貢献した善良な一市民として、この場所にアメリカから帰還した遺骨が納められたという。誰がたむけたのか、白い花が墓石に置かれていた。

〝独立回復〟の意味とは

カウナスの住宅街を覆う緑陰が、安息と静けさをもたらす一角にランズベルギス氏の事務所はあった。私が到着したとき、ランズベルギス氏は山と積まれた書類を前に精力的に仕事を続けていた。昼過ぎの飛行機でブリュッセルへ戻るというあわただしい日程の中、貴重な時間を割いてくださったのである。

ベージュの仕立ての良いスーツに包んだ丸みを帯びた体躯を、ちょっと日本風に折って会釈をし、魅力的なやわらかな笑顔で迎えてくれた。

リトアニアを含むバルト三国の人々が、第二次大戦後もソ連の支配下でどれだけ忍従を強いられ、秘密警察や密告におびえ、人権も自由もない不当な扱いを受けてきたか。そうした状況下で彼らはどのように団結してソ連から独立を回復し、EU加盟にこぎ着けてヨーロッパの一員に返り咲いたのか……?

私たちは二十一世紀の世とは思えないような、国際法を無視したロシアのウクライナ侵攻を目撃した。バルト三国の人々は、昔からロシアの脅威と対峙しながら、自国のアイデンティティーや文化、国民国家の存在を必死で守り抜いてきた。そうしたことを念頭に置きながらお読みいただきたい。

――貴国は、帝政ロシアに支配されていた十八世紀から、一貫して国家再建、独立回復の戦いを国民を挙げて行ってきました。それと状況は違いますが、日本も近代国家として再出発する際、明治政府が新しい国づくりを行い、昂揚感にあふれていた時代がありました。国が大きく変革する時には、どのような力が働くとお考えですか？ランズベルギス（以下Lと記す）　まず申し上げておきたいのは、リトアニアの場合、一九九〇年は「独立」ではなくて、「独立の回復」だったということです。リトアニアは中世以来、長い歴史のある国ですから各種の権利もすでに持っていました。あなたが興味を示しているステポナス・カイリース（註・まえがき参照）らは、一九一八年に独立宣言書に署名しました。あの時代もまた「国家を再建」したのであって、新しい国家を作ったわけではありません。リトアニアは十八世紀まで多くの民族が共存していたリトアニア大公国として知られていましたが、一九一八年に国家を再建した時には、領土も民族もずっと小さくなっていました。ダウンサイズしたのです。日本が明治維新によって新しい近代国家に生まれ変わったのとは事情が違います。日本は国の大きさが変わったり、民族が変わったりはしなかったでしょう？

——ええ、民族や歴史は続いていました。

L　そうです、国を変革するときに一番大切なのは、歴史がずっと続いているという事実であり認識です。中世の大公国と現在のリトアニアはつながっているという連続性の意識が、国を変革するエネルギーとなったのです。

——すると、一九九一年のときもまた同じような歴史認識をもって「独立を回復」させたわけですね？

L　そうです。一九一八年に第一次共和国として国家を再建したときも大きな挑戦であり実験でした。サユディスの考えのもとにソ連の占領を終わらせたときも同様です。私たちは歴史の連続性を自覚しながら国のカタチを整えていきました。したがって、第二次大戦後のソ連占領時代は違法なのだと、西欧諸国に強く訴えました。

——リトアニアは連続して存在してきたと……。

L　それに対して、西欧の国々は「リトアニアはおかしなことを言う」と思っていたでしょうね。ソ連占領が違法だなんていう考えは、当時誰の頭にもなかったのですから。

リトアニアの独立を、我々がモスクワと交渉して進めたと世界各国は思っていたようですが、そうではありません。ソ連の占領は違法だと国際法でも認められているとの主張を、西側に対して根気強く訴えたのです。「占領」を認めぬように、「回復」を認めるように、とても根気強く働きかけました。

——それに対して、世界各国はどんな反応だったのでしょう？

L　アメリカも日本もなかなか認めようとしなかったんですよ。実際、「何をばかなことを言っているんだ」と言われたのですから。この主張を認めてもらうのは大変困難を伴いました。

――「サユディス」の議長をなさっていたときは寝る暇を惜しんでの協議だったのですね？

L　ええ、何回もソ連に呼ばれましたしね。ゴルバチョフ大統領のもとで首相をしていたリシコフが私に尋ねたものです。いったいどうやってリトアニアは生き残るつもりなんだと。そこで私はいつも彼に言ったものです。世界の事例をみてください、フィンランドだって日本だって資源がない国だ、しかも日本の国民は頭がよくて勤勉だと。彼らを見習ってお金を稼ぎ、外国から資源を買うから大丈夫だとね。

平和な手段で成し遂げた

――結果、世界はリトアニアの主張を認めましたね。サユディスはどのようにその困難な仕事をやりとげたのでしょうか？

L　一番大切なことは信頼関係です。国民と政府の間に信頼があればこそ、この道を歩けば必ず希望があると人々は思えるのです。我々だって正直言って、一〇〇パーセントの自信はありませんでした。独立を回復しても将来がほんとうによくなるのかと疑問を持つ人はたくさんいました。しかもソ連のプロパガンダがすごかったですからね。「サユディスなど信じるな」、「将来はなくなるぞ」と、彼らは大宣伝をしました。それでも我々は「信頼」のために戦い続け、その戦いに勝ったのです。

――しかも、平和的な手段でしたね。

L　そうです。反乱をおこすわけでなく、武力も使わずに、です。もしリトアニアが武力を使って願いをかなえようとするなら支援はしないと、米議会からも言われていました。

ガンジーのような人を前面に出しての平和運動でしたから、ソ連は我々のことを反乱者として扱えなかった。平和的に国家の独立回復運動をしたので、ソ連も武力を使えなかったのです。彼らは武力を見せつけるようなことをしましたけれどね。

「ロシアが日本に負けたことで、リトアニアにデモクラシーが起きた」とランズベルギス氏。

そうした我々のやりかたを外国の国会が、国際的な支援のもと我々を支えてくれました。

——でも、最後の最後でソ連は武力を使いましたね。一九九一年一月のテレビ塔襲撃事件で一三名でしたか、尊い命が失われました。

L そうです、一九九一年一月十一日からソ連の軍事介入が始まり、ソ連は最終的に我々を武力で鎮圧しようとしたのです。ソ連が武力を使ったということは、すなわちソ連の敗北なのです（註・バルト三国を管理するソ連軍の司令官は、非常事態宣言によって軍事介入を始めた。ヴィルニュスにあるテレビ塔襲撃、カウナスのラジオ局封鎖、ラトヴィアでは特殊部隊が内務省やテレビ局を襲撃、エストニアのタリンでは装甲車が街を包囲した）。

——世界的な映像作家のジョナス・メカスが、〝ソヴィエトの戦車に囲まれた国会議事堂のなかで、ランズベルギスはピアノに向かい、国民的芸術家であるチュルリョーニス（註・ミカユロス・コンスタンティナス・チュルリョーニス〈一八七五～一九一一〉のこと）作曲のプレリュードを弾いていた〟と書いています。この光景はリトアニアの勝利を予兆しているような出来事に思えます。

L 実際はそれほど象徴的なことが起こったわけではありません（笑）。あの日

（一九九一年一月十三日）もふだんどおり仕事を片づけてから、さあ、この先どうなるのだろうと……ふと思ったのです。スタッフもソ連の戦車を怖がっていましたから、みんなの心を癒そうと思ってピアノに向かったのですよ。

思い出に残っていることがあります。（ソ連の戦車が国会議事堂を取り巻いていたとき）私は議事堂の中で会議をしていたのですが、窓からみたら、国会議事堂前に大群衆が集まっていました。そこで、窓から市民に呼びかけました、「互いに挑発をしたり、争いあったりしないで、どうぞ歌ってください、あなた方の歌声が我々を勇気づけてくれますから大きな声で歌ってください」とね。リトアニア人にとって、歌はとても大切な役を果たしているのです。

――歌はいつもリトアニアの国民を勇気づけてくれた。やはり国家にとって民族の伝統や文化は大切なものなのですね。

L　ええ、そのとおりです。しかし、国家は伝統や文化だけではなりたちません。新しい時代に即した新しい組織を作らなければなりません。そこで、ソ連による「占領」という現状を一切考えず、私たちは憲法をつくりました。

――それは第一次共和国の憲法を踏襲しているのですか？

L　いや、そうではありません。あの頃はいくつも憲法がありました。最後にできた憲法は復元したリトアニアにはあまり合いませんでした。一九九〇年三月十一日の独立回復宣言の際、憲法を同時に制定しました。それは戦前の憲法を復元することであり、ソ連の憲法はもう我々には不要だということであり、ソ連の憲法は存在しないのだということなのです。大切な三つの決断でした。

このように国家のシステムにおいてもリトアニアは連続しているのです。ただし、古い憲法は実情に合わないので臨時憲法のかたちをとって変えたのです。

——先ほどから歴史の連続性ということを伺っていますが、体制がどう変わろうと、固有の国土や民族、文化はそのまま次世代に受け継がれていくということですね。その意味で、若い人々に歴史を知らせていくことは非常に大切ですね。

L ええ。リトアニアでは、一九一八年二月十六日を国家再建記念日、一九九〇年三月十一日を独立回復記念日、それから一般市民がシベリアへ追放された最初の日(一九四一年六月十四日)と前年のソ連に占領された日(一九四〇年六月十五日)に毎年、セレモニーを行っています。

共通項は自然への敬意

——ところで、ステポナス・カイリースは彼の著書の中で日本のことを好意的に紹介しています。日本と日本人を大変よくご存じの閣下は、両国の絆をどのように感じておられますか？

L　日本とリトアニアの共通点はなんといっても自然に対する心情です。自然を大切にするのが日本文化の特徴ですね。どんなせまい小さな場所でも自然を取り入れて坪庭をつくる。リトアニア人も同じですよ。どんなに小さな庭にも花畑をつくるのです。そういう自然への思いに大きな共通点があると思います。

——リトアニアは、キリスト教が広まる前は、独自の宗教がありましたね。

L　自然を崇拝する多神教、ロムヴァです。リトアニアは、ヨーロッパの中で最も遅くまでキリスト教を取り入れなかった国なのです。リトアニアの十字架を見ても、おわかりでしょう？

——ええ、キリスト教の十字架とは違って、太陽や蛇やイカヅチなどのシンボルがついている。はるか昔から自然の精霊を神としてあがめてきたリトアニア人と神道という独自のアニミズムを持つ日本人は、自然に対して似通った気持ちを持っているんだなと、納得します。

L　リトアニアの民話や伝承によると、犬と鳥は人間の魂を運んでくれます。日本の昔話によく出てくるツルはどうですか？

──ツルは神の化身であり、地上と天界をとり結ぶと考えられています。

L　そうですか、リトアニアではカッコウがそれに近い。あの鳥はお母さんとお姉さんの声を出すといわれていますよ。

──アニミズムといい自然への心情といい、多くの共通点のある日本を、リトアニア人は昔からどの程度知っていたのですか？

L　インテリたちは十九世紀末のジャポニズムによって知識を得ていたでしょう。画家であり音楽家であるチュルリョーニスはその一例です。

他方、戦争という事実があります。

帝政ロシア時代、リトアニアの兵士も戦線へと強制的に送られて行きました。彼らは他国のために戦わされたのです。戦争は悪いことですが、日露戦争はリトアニアにとってよい結果をもたらしました。そのためにロシアの国力は弱まり、制度自体が崩れたからです。日露戦争が起こる前は、リトアニア語やリトアニア固有の文化はもちろん、さまざまのことが禁止されていましたが、ロシアが日本に負けたら少しだけ自由が入ってくるようになった。デモクラシーが起きたのです。リトアニア人も政治的な集会に参加したり、協会を作ったり、言論の自由を獲得できました。

要するに、日本は間接的ながら、リトアニアにとってよいことをしてくれたのです

（笑）。

日本が大国ロシアに勝ったことで、リトアニア人に大切なサインを送ってくれたのです。

当時のリトアニア人は日本の人口がどれほどかもよくわからなくて、日本がちっぽけな国だと思っていたのです。それがロシアを打ち負かしたと知り、リトアニア人は大きな勇気をもらいました。

――リトアニアの独立回復に近代ニッポンが多少なりとも影響を及ぼしていた、ということですか。

L　カイリースも著作の中で書いていますが、小さくて資源のない日本が近代国家に生まれ変わりました。これにびっくりしたのです。

――ご自身は、なぜ日本がロシアに勝ったとお考えですか？

L　それは、日本人が勤勉だったからでしょう。実は、リトアニア人も日本人に負けぬほど、根は働き者なんですよ。ソ連時代の悪影響を受けてしまったのは残念ですな。

――最後に、現代の日本人に対してメッセージをお願いします。

日本の国民性の中でひとつだけ感心できない点があります。それは自殺が多いことです。若者も自殺をする。実はリトアニアも同じで自殺率が高いのです。若者にとって、自殺とは、人生の問題の最も簡単な解決法なんでしょうが、それは間違っています。

人生は一度しかないのですから、大切にしなくてはなりません。人間の精神は崇高です、どうぞ人生を、命を、大切にして欲しい。そう心から願っています。

歌の革命

リトアニアの独立が回復されるか、ソ連時代がさらに続くか……まさに歴史の岐路に立たされたランズベルギス氏は、数百年にわたって国民を勇気づけてきたリトアニアの歌の力を用いて、平和的手段でソ連軍の侵攻を防いだ。リトアニアの市民は歌を歌いながら、寝ずの番をして議事堂を守り抜いたのである。

このように、歌や音楽による体制批判の集会はバルト三国の民主化運動を大きく前進させた。一九八〇年代に入ってからバルト三国の人々は、ソ連体制への不満をそれまで禁止されていた自分たちの伝統歌やもともとの国歌、若者たちに人気のロックミュージックなどを使って表現するようになっていた。各地で音楽祭が開かれるたびに、人々は愛国心あふれる歌を歌い連帯を強めていく。のちに「歌う革命」と言われて世界中に報道された運動である。一九八八年九月、エストニアの首都タリンの郊外にある野外ステージで行われた歌と踊りの祭典では、全人口のおよそ三分の一にあたる三〇万の市民が、民族伝統の歌を歌いながら政治改革を訴えた。そして、この年の十一月には、改革のうねりを受けて、エストニアの最高会議が、自分たちの主権を侵害するソ連法を拒否すると宣言した。一九八九年八月には、バルト三国の約二〇〇万人以上の市民が、リトアニアの首都ヴィルニュスからエストニアの首都タリンを結ぶ全長六〇〇キロメートル以上の道路に並んで手をつなぎ、「人間の鎖」を編み上げたことは、あまりにも有名だ。人びとの固い結束を世界に見せつけた〝鎖〟の長さは『ギネスブック』に記録されている。

ランズベルギス氏にインタビューをしたおかげで、彼らが長い戦いと忍従の果てに得た「自由」や「国家」の意味が、すとんと胸の奥まで降りてきた気がした。独立の過程を展示する資料館には、たしかに「いたいたしいまでの昂揚感」が漂い、その歴史に胸苦しさを覚えた。

想えばバルト諸国の人びとは、四方を海に囲まれた島国日本が想像もつかぬ十字架を背負って、抵抗と屈従の近現代史を歩んできた。それはキリストのゴルゴタの丘への歩みにも似て、坂の上で待ち受ける栄光を信じてのみ、次の一歩を踏み出せるほど過酷なものだった。

その後のバルト三国の独立回復の経過はニュースが伝えたとおりであるが、各国が次々にリトアニアの独立回復を承認する中、ついに九月六日、ソ連政府も承認した。

こうして長く続いたソ連の圧政から脱したリトアニアは、二〇〇四年にはEUとNATOの同時加盟を果たし、二〇一五年から自国通貨のリタスをユーロに変更した。

このように、現在リトアニアは西側諸国の一員として、特に民主主義や人権を擁護する立場で積極的に発言し、ロシアの拡張主義やウクライナに対する暴挙にも、強い抗議の意を表している。

すでに述べたように、ランズベルギス氏は二〇〇四年からは欧州議会議員を務めた。リトアニア政界の重鎮の一人であり、現在もロシアの脅威に対しては厳しく監視をする必要があると主張する信念の人である。もうひと言添えれば、二〇二〇年からリトアニアの外務大臣を務めるガブリエリウス・ランズベルギス氏は、元国家元首の孫にあたる。

リトアニアは大国だった

バルト三国は、ヨーロッパ大陸の北部とスカンジナビア半島に囲まれた〝北の地中海〟ともいえるバルト海に面した小国の集まりだ。その昔、帝政ロシアのバルチック艦隊が拠点にしていたことでも知られていた静かな内海に、中世以来波風を立ててきたのはデンマーク、スウェーデン、ドイツ、ポーランド、オーストリア、ロシアといった周辺の強国だった。中でもキリスト教騎士団と商人を送りこんできたドイツと不凍港を狙うロシアは、何度もバルト海沿岸地域を侵略した。

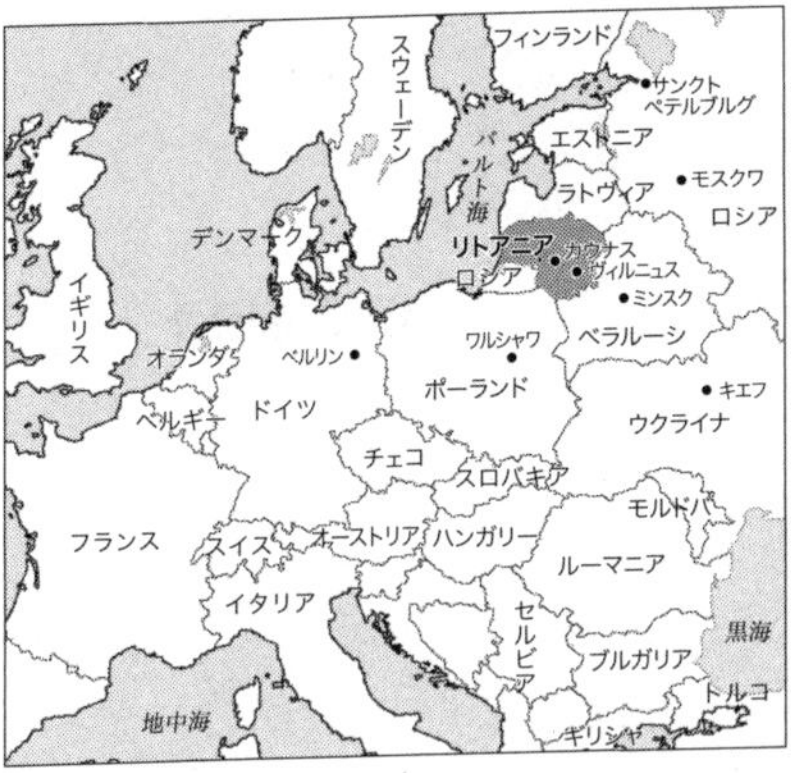

周辺の諸民族

を統一して一二五三年に「リトアニア大公国」を建国し、一二五三年に戴冠して唯一の国王となったのは、ミンダウガス大公（一二一七?〜一二六三）という英雄である。彼は部族間の争いを収め、和平を求めて建国。その後、十四世紀に即位したゲディミ

14 世紀のリトアニア大公国

1253年に建国されたリトアニア大公国は一時、黒海までを支配し、ヨーロッパ最大の領土を誇っていた。その後西隣のポーランドと連合して、「ポーランド・リトアニア共和国」を樹立するが、18世紀になってじょじょに国力を落とし、下図のようにロシア、オーストリア、プロイセンの3カ国に分割されてしまう

3国によるリトアニア・ポーランド分割（1795年時）

ナス大公（在位一三一六〜一三四一）はポーランド王国と同盟を結び、ゲルマン民族騎士団と戦い抜く。その後ゲディミナスの孫にあたるヴィータウタスが即位（在位一三九二〜一四三〇）して、ヨーロッパ最大の領土を持つ「リトアニア大公国」を実現した。

しかし一五六九年以降は、リトアニア大公国はポーランドと連合して「ポーランド・リトアニア連合王国」となり、十七世紀の半ばまで東のロシアや北のスウェーデンに対抗しながら国を治めた。十八世紀に入ると、急速に力をつけた帝政ロシアやオスマン・トルコなどとの戦争が相いついでじょじょに国力が弱っていく。十八世紀末には帝政ロシアがオーストリア大公国やプロイセン王国と組んでその領土を狙い、三回にわたって国土を分割された。一七九五年、最後の分割が行われるとポーランド・リトアニア共和国は地図上から消え失せ、リトアニアのほとんどが帝政ロシアの領土に組み込まれてしまった。

十八世紀末から続いた専制的な帝政ロシアの支配に対して、リトアニアでは抵抗運動がやむことなく、リトアニア大公国のDNAを受け継いだナショナリズムがしだいに形成されていった。とはいえ多民族からなるアイデンティティーを抱えるうえに、貴族やインテリたちはすっかりポーランド化していたため、さまざまの国家構想が錯綜してなかなか再建への道筋が見えてこなかった。この点については、研究者による詳しい専門書をお読みいただきたい。

二十世紀に入るとロシアに革命ののろしが上がりはじめ、ついに一九一七年、約二〇〇年の歴史を誇った帝政ロシアは滅んだ。ロシアの勢力が退潮していくと、こんどはドイツ軍が進駐をしてきた。

ドイツとソ連の赤軍が迫る中、リトアニアの活動家たちは、〝リトアニア大公国〟の名前を冠した憲法草案をつくり独立を画策したが、ポーランド人が多く住み、ポーランド語が普通に話されていたヴィルニュスはポーランドがその権益を主張。リトアニアのエリートたちも大半はポーランド語を話し、文化的にも一体化していたので、リトアニアの国家再建はそう簡単に進まなかった。本書で紹介するステポナス・カイリースが政治活動を続けていたのもこの頃である。

一九一八年に、リトアニアはようやく国家の再建にこぎつける。だが、それまでの中心地ヴィルニュスはポーランドの手に渡り、リトアニア政府はその後の約二〇年間、カウナスを暫定首都として国家を運営していく。

だが一九三〇年代にはドイツで台頭したナチズムがヨーロッパを脅かし、リトアニアでも西部の港湾都市クライペダ一帯が併合されてしまった。

ヨーロッパが第二次大戦に突入すると、ドイツとソ連は秘密の議定書を結びポーランドを割譲、一九四〇年代に入るとリトアニアは、ドイツやソ連に占領された。ソ連はリトアニア政府に難癖をつけて自国の基地を置くことを迫り、その脅迫通り一九四〇年六月に赤軍部隊が侵入。そして第二次大戦後一九九〇年までバルト三国は、ソ連邦に属する社会主義共和国となった。十八世紀以来の悪夢がぶりかえしたことになる。

忘れられた人物

一九九〇年の、独立回復までの長い道のりには、幾万、幾百万の人々の努力が積み重なっているのだが、その大多数はすでに歴史の彼方へと消え去ってしまった。

そのひとりとも言えるステポナス・カイリースは、日露戦争が日本の勝利に終わったことに刺激されて、弱冠二十六歳の時にリトアニアで初となる日本論を世に出した。

彼について私が知ったのは、ランズベルギス氏へのインタビューが実現する前の年の二〇〇九年だった。

東京のリトアニア大使館の文化アタッシェを勤めるガビヤ・ズカウスキエーネ（当時の姓）さんがとても興味深い話を披露してくれたのである。

「一〇〇年以上も前の一九〇六（明治三十九）年、日本を紹介した本がリトアニアで出版されています。リトアニアで初めての本格的な日本論でした。しかし、日本人にはまったく知られていませんね。とても残念に思います」

——日本を旅行して書いたのですか？

「いいえ、資料を集めてまとめたのです。彼は一度も日本を訪ねていません。作者の名前はステポナス・カイリースです」

もちろん初めて聞く名前だった。

——ガビヤさんからご覧になってカイリースの描いた日本はどうですか？　正しい姿が当時の人たちに伝わったでしょうか？

「はい、だいたい正しいと思います。もちろん、おかしなところもありますよ。しかし、一度も日本へ行かずに、資料を分析しただけでよくこれだけ書き込んだと思います」

ガビヤさんはさらに続けた。

「カイリースの著作は、リトアニアと日本を考える上でとても象徴的な意味があると思います」

——それはどういうことですか？

「リトアニア語は長い間禁止されていましたが、日露戦争の最中の一九〇四年に解除となりました。そこでカイリースは、日本を紹介する本をリトアニア語で出版したのです。これは私たちにとって非常に興味深く、象徴的なことです。リトアニアの一般市民は、日本のことを初めて母国語で読む機会を与えられたのですから」

彼女はゆっくりと、言葉を選ぶように以下のことを説明してくれた。

一九〇五年五月、対馬沖で日本がロシアのバルチック艦隊を全滅させた、という知らせがロシアの帝都ペテルブルグ（現在のサンクトペテルブルグ）に飛び込んだとき、バルト三国出身の留学生たちはいっせいにどよめき、天を仰いで十字を切った。誰もが興奮状態に陥って、帝政ロシアの圧政にあえぐ祖国を独立に導こうと熱い議論を始めた。ロシアをやっつけたヤポーニア（日本）とはいったいどんな国なんだ？　そんな大それたことをなぜ、どのようにして日本人はやってのけたのか？　我々もどうすれば帝政ロシアのくびきから逃れることができるのか？　若者たちの議論は果てしなく続いた。

当時、帝政ロシアの支配下に置かれていたバルト三国の人々にとって、東洋の果てにある見知らぬ国が、自分たちを苦しめている大帝国を打ち負かしたことは、とてつもないカルチャーショックであり、希望の道しるべとなったと……。

「ヤポーニア」というその国は、面積がわずかロシアの六〇分の一、人口は三分の一、兵力も比べものにならないほど小さかったのに、あの帝政ロシアを破った。カイリースならずとも、当時ロシアの圧政に苦しんでいた国々、西洋列強の支配下に置かれたアジアやアフリカの国々の青年たちは奮い立った。

実際、白人国家と有色人国家が初めて本格的に激突した日露戦争については、リトアニアだけでなく、世界の列強やその植民地がそれぞれの思惑をもって注目していた。ヨーロッパを例にとると、帝政ロシアとパワーゲームを繰り広げていたドイツ、フランス、イギリス、オーストリアはもちろんのこと、ロシアに併合されていたポーランド、(現在の)バルト三国、フィンランドなど。反ロシアの活動家たちは独立のチャンスが到来するのではないかと、期待を寄せていた。

後に、民族の指導者になったフィンランドのユホ・パーシキヴィ、ポーランドのユゼフ・ピウスツキ、インドのジャワハルラール・ネール、チャンドラ・ボース、トルコのケマル・アタチュルク、ヴェトナムのファン・ボイ・チャウ、中華民国を建国した孫文らは、ニッポンの勝利がどれほど自分たち民族に勇気を与えてくれたかを述懐している。日露戦争が民族の自覚に大きな影響を与えたことは、歴史が証明している通りだ。

——リトアニアはいったいいつから帝政ロシア領になったのですか？

「一七九五年からです。一九一八年に国家を再建するまで、〝ロシア帝国の北西地方〟でした。兵役があったので、日露戦争には多くの若者が駆り出されました」

そうだったのか。リトアニアの若者にとって日露戦争は他人事ではなかったのだ。

ガビヤさんの説明によれば帝政ロシアが支配していた時代、バルト三国の青年にはなんと二五年にわたる徴兵期間が課せられ、彼らは極東の〝防人《さきもり》〟としてシベリアへ送り込まれた。日露戦争が勃発した二十世紀初頭でも、兵役期間は七、八年に及んだので、リトアニア人ばかりでなくラトヴィア人もエストニア人も、そしてウクライナ人も、農村出身の若者たちを中心にロシア兵となって辺境へ追い立てられた。戦死者や行方不明者、捕虜になった者は数知れなかっただろう。

しかも、農村に対して帝政ロシアの政策は過酷だった。農奴たちは土地に縛られ、移動の自由もなく、地主のいいなりになって生きてきた。もちろん教育の機会も無かった。一八六一年にロシア皇帝のアレクサンドル二世がようやく農奴制を廃止したものの、それまで農民たちが自活できるような政策はいっさい行ってこなかったため、耕す土地もなしに放り出された彼らは、劣悪な土地をなんとか手に入れてしがみつくか、祖国を逃げ出しアメリカなど新天地へ移住するしかなかった。

カイリースがリトアニア語で本を出版したのは、こうした普通の人々に奮起を促したからだ。すなわち、それまでおとしめられ、使うことを禁止されていた自分たちの言葉であるリトアニア語で、リトアニア人のために書いたことで、民族のアイデンティティーや連帯の意識が生まれるきっかけにもなっただろう。

著者のステポナス・カイリースは、ロシア革命直後の一九一八年、共和国としてリトアニアがロシアからの独立、すなわち国家の再建を宣言をした際、宣言書に署名した二〇人の一人として名を連ね、憲法の草案も書き上げた人物だった。

――すると、カイリースは日本論を著してから政治家になったのですか？

「彼は独立運動に貢献しましたが、その後はカウナス大学（現在のヴィータウタス・マグヌス大学）の工学部の教授になりました。カウナス市の上下水道の整備に貢献した技術者としても知られています」

――ということは、リトアニアではかなりの有名人なんですね？

するとガビヤさんは片方の眉毛と肩先を同時にあげて言う。

「いいえ。長い間、あまり知られていませんでした。歴史上の重要な人物なのに非常に残念です」

――どうしてですか？

「カイリースは、ソ連占領時代（一九四〇～一九四一、一九四四～一九九〇）に当局のブラックリストに載っていましたから、彼のことを話したり彼について教えたりすることは禁じられていたのです。そのため、功績はすっかり埋もれてしまったのだと思います」

幸いなことに、一九九〇年の独立回復後、ソ連時代に不当な処遇を受けたり、海外移住を余儀なくされた愛国者や偉人をリトアニア政府は調査し、顕彰した。カイリースの遺骨も一九九六年に亡命先のアメリカのシカゴから祖国に戻ったが、その際政府は丁重に扱い、遺骨はカウナスにある墓地に埋葬された。さらに、故郷のアニークシャイ市の郊外には、記念碑も建っているという。

こんな話を聞けば、誰だって、彼について、そして彼が本にまとめた日本論の内容を知りたくなろうというものだ。

禁じられたリトアニア語

カイリースらは幼い頃からロシア語で教育を受け、家庭ではリトアニア語という二重の言語生活を送っていた。母語を堂々と公の場で使えない屈辱感を味わいながら育った世代である。当時のリトアニア社会は、ロシア語やポーランド語が公用語となり、リトアニア語は粗野で田舎っぽい言葉としておとしめられていた。属領の文化や生活を攻撃してそのアイデンティティーを奪ってしまうのがロシア側の意図だった。

それでもリトアニアの人々は挫けなかった。十九世紀も末になると自分たちの言葉、文化に光を当てる民族の再生運動がしだいに広がり、社会のうねりになっていく。

そもそもリトアニア語は現在も使われている最古のインドヨーロッパ語、と言われるほど由緒ある言語で、第一章でも少し触れたように、サンスクリット語との関連性が見え隠れする。そうした歴史のある民族の言葉を、支配者の帝政ロシアは一方的に差別しておとしめたのである。

リトアニアの愛国的な活動家たちは、農民や都会のインテリ向けに、帝政ロシアの非道さを訴え、民族の復活、民主主義を鼓舞する内容の雑誌を次々に発行した。東プロイセン地方でひそかに印刷されている、そうしたリトアニア語の雑誌や本を注意深く取り寄せて、人々は回し読みをした。カイリースが書いた三冊の日本論も、時流に乗って世に出たものと思われる。

それにしても、カイリースはどうやって日本の情報や参考書を集めたのだろうか？

その答えはペテルブルグにある。ロシアの帝都には、昔から日本に関する優れた研究がロシア語、ポーランド語、ドイツ語、英語などの資料として集まっていたし、日本人も少なからず居住していた。彼が日本人と接触したかどうかは不明だが、とにかくわずか一年も経たぬうちに、無我夢中で三部作を書き上げた熱意はみあげたものだ。

想像の翼に乗って日本へやってきたカイリースは、ロマンチックな夢想と冷静な分析力で明治時代の暮らしや日本人の風習、教育、宗教、明治憲法、天皇の権限、日露戦争の勝因についてユニークな評論を展開した。農民たちのためにリトアニア語で書かれ、新しい世界の動向を知らせたカイリースの著作は、プロパガンダの要素を大いに持っていたことになる。さらに言えば、リトアニア初の本格的な日本論として、後世の日本研究に少なからぬ影響を及ぼすことになった。

第三章　不思議の国に憧れる

カイリースの初版本と対面

二十世紀初めにリトアニア国内での日本ブームを盛り上げたカイリースの著作は、首都ヴィルニュスの数カ所で初版本が保存されている。二〇一〇年に、私はそれを初めて手にしたのだが、場所はネオクラシック様式の堂々たる建物のリトアニア科学アカデミー図書館だった。

市内中心部の川沿いに建つこの図書館は、吹き抜けになった正面ホールに最上階まで続くステンドグラスが設けてあり、明るい陽光を受けて鮮やかな色を放っている。

案内役をかってでてくれたのは、司書のビルテ・エレナ・ライリエネさんだった。プラチナブロンドの髪を肩まで垂らした長身の女性で、階段脇の柱にもたれている風情は大理石の彫刻のようだった。彼女はこの図書館が誇る正面のステンドグラスのモチーフについてまず説明をしてくれた。

「これはリトアニアの印刷文化をデザインしたステンドグラスです。一番下は印刷を開始した一五四七年の様子、一番上はコンピューターが創り出す現代の技術がテーマになっています」

十六世紀にはすでに先進的な文化が花開いていたことになる。太陽光の具合で光の濃淡が織りなす模様に見とれているとライリエネさんはこう言う。

「リトアニアは暗い歴史だけではありませんよ」

そう、中世にはリトアニア大公国としてヨーロッパに君臨していたのだもの。

彼女はハイヒールの靴音を響かせて薄暗い廊下を進む。閃光がきらめくようにブロンドの髪が揺れる。

古書特有の、墨汁に似た印刷の匂いが漂うつつましやかな部屋で初版本の到着を待っていると、文箱に入ったカイリースの著作が届いた。

——……これがあの？

東京の大使館で話を聞いたときは、ワインレッドかマロン色の革表紙の、分厚い本を想像していたのに、目の前に出てきたのはヨコ一三センチ、タテ一五センチの可愛らしい本が三冊セットになっているものだった。

「民衆を啓蒙するために書いた本ですから、読みやすいようポケット判にしたのでしょう」

――なるほど、そういうことですか。

3冊セットになっているカイリースの日本論

当時のリトアニア語の印刷物は、できるだけ多くの人に手に取ってもらうためにあえて小型サイズにしたものが多い。次から次へと人々の手に渡ることで、プロパガンダのツールとしての役割は高まる。

さて、カイリースの日本論の第一巻には『日本今昔』(Japonija seniau ir dabar)、第二巻には『日本人の暮らし』(Kaip japonai gyvena dabar)、第三巻は『日本人の憲法』(Japonų Konstitucija) という表題がついている。ヴィルニュスにあった「シュヴィエ

第１巻「日本今昔」の表紙はのどかな村とそびえるフジヤマの絵

サ」（註・光の意味）出版社からの発行で、著者名は「デデ」（註・叔父さんの意味）になっていた。

「これはカイリースのペンネームのひとつです。彼は、生涯を通じて二〇ほどの名前を使い分けていました」

　ライリエネさんによれば、カイリースが使っていたペンネームはわかっているだけでも、ダギリス、マリヨナス、ネショビニスタス、ヴィクトル、ヴィクトラス、カミンスカス、ヤナポリス、ケメクリス、ラウラス、クギス・ムギス、女性名も時には使い、マリヤン、アシャカ、ディルギーネなどがあるという。

　なぜそのようなペンネームにしたかと言えば、次々にやってくる外来政権に対し、カイリースはそれぞれ反ロシア、反ナチス・ドイツ、反ソ連の立場で記事を書いた。そのためペンネームをいくつも使い分けて身元がわれぬよう、逮捕されぬよう、工夫をしていたそうだ。

本の定価は第一巻が五カペイカ（註・現在の貨幣価値に直すと約五〇〇円）、第二巻と第三巻が一〇カペイカとある。発行部数はそれぞれ三〇〇〜四〇〇部ほどだろうと聞き、ちょっと意外だった。

――民衆を啓蒙するという目的なら部数はもっと多くてもよかったではありませんか？

するとライリエネさんは脚を組み直してのびやかに笑った。

「あの時代の人口や社会状況を考えればそんなものでしょう。十九世紀末のヴィルニュスの人口は約二〇万人。そのうちリトアニア人は二パーセント、約四〇〇〇人ほどだったと言われています。一冊を多くの人たちが回し読みしたでしょうから、実際の読者数はその数十倍はいたと思います」

――なるほど、みんなで回し読みをすれば、刷り部数はあまり問題になりませんね。

「カイリースは、一度も日本へ行かずに書いたので思い違いもあるでしょう。しかし、後世の日本研究者からは、おおむね正確だと評価されています」

図書館司書のライリエネさんは、第一巻を手にとって表紙を指した。〝検閲により許可される。一九〇六年三月二日　ヴィリナ（ヴィルニュスの当時のロシア語読み）〟と但し書きが入っている。

「このころ検閲はほとんど無いに等しかったのですが、わざと形式ばって載せたのかもしれません」

出版の前年にあたる一九〇五年十月、ロシア皇帝ニコライ二世は全土に広がる反乱や一揆を抑えるために大きな譲歩をした。言論、集会、結社の自由、国会の召集、公民権を与えると宣言したのである。

だが、皇帝の詔書を待つまでもなく、世の中の動きは新しい時代を求めて急速に動いていた。遠くの戦場の様子も電信技術の発達によってそれまでよりぐんと速く、正確に伝わるようになっていたし、新聞も雑誌もすでに公然と政府批判を載せていた。カイリースの著作が出版されたのは、ちょうどリトアニア語の学習が許され、リトアニアの文字やリトアニア語による出版物が解禁と

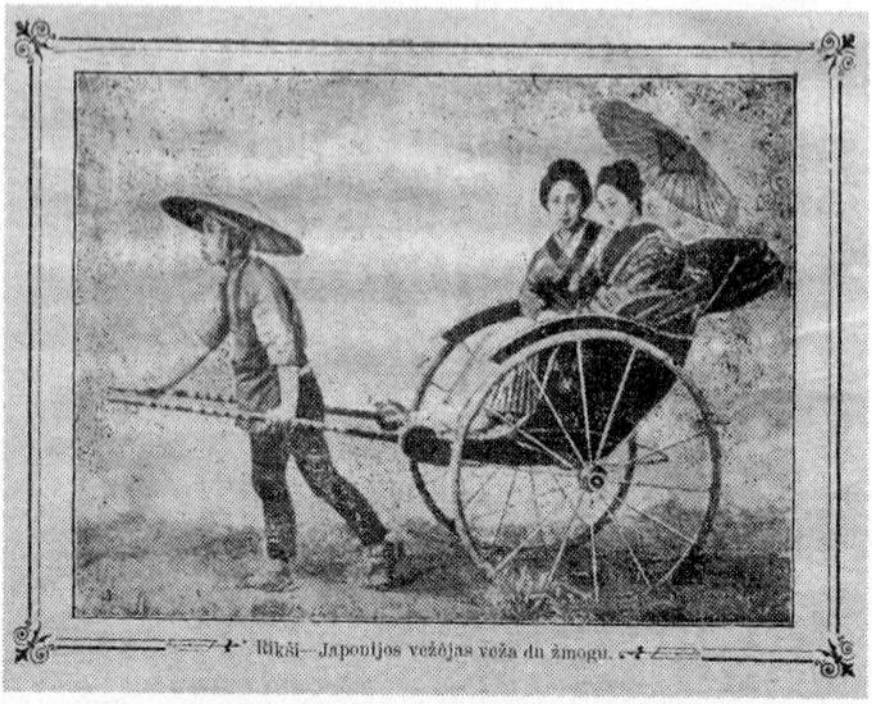

第２巻に登場する人力車のイラスト

なり、エストニアでもラトヴィアでも同様に、民族文化が一気に花開いた時期と重なっている。

著作に続いて、カイリース自身のポートレートも見せてもらった。ペテルブルグ工科大学の留学生だったころだろうか。柔らかな頭髪をきちっとなでつけた細面の顔。薄い眉の下のまなざしはひりひりするような緊張があふれている。

繊細さの中に激情を秘めた表情を眺めるうち、文久遣欧使節団としてヨーロッパへやってきた幕末から明治初期の日本人を記録したパリの写真家ナダールの肖像写真の数々を思い出した。新しい国つくりに青春をかけたニッポンの若者たちとカイリースは、遠望するまなざしが驚くほど似ているように思われた。

若い頃のステポナス・カイリース

一八九〇年から、キリスト教布教のため五年半日本に滞在したドイツ人宣教師のカール・ムンチンガー（Carl Munzinger）は、その著『ドイツ宣教師の見た明治社会』（生態文訳　新人物往来社刊）でこう書いている。

「日本ほど政治づいた若者が多い国はないのではないか。例えば新聞記者、政治家、演説者の名の通った人々で、新聞などによく名前の出る人々がいる。（中略）それらの人々と偶然知りあう機会があると、驚いたことにどれも若い人で、鼻の下には将来口髭になるだろう産毛がうっすら見えるような人々だと分かるのだ」

明治の日本も同時代のリトアニアでも、志のある若者たちは、自分たちの理想を投影した「国家」論に夢中になっていたに違いない。

ヤポーニア（日本）に熱中

一九〇六年に発行されたカイリースの日本論は、まず村長や教会の司祭や意識の高い学生たちなど村のインテリ層が読み、その後は読書会や口コミの力で農民たちへも広まったようだ。カイリースの本を読んで（または内容を聞いて）、人びとは、ヤポーニア（日本）が帝政ロシアよりも覇気があり、技術革新にも熱心で、愛国心が強いこと、サムライ時代から受け継いだ精神力で「義」のために死ねること、自分たちと似たような自然崇拝の信仰を持っていること、などさまざまの情報を手に入れたのだった。

そもそもヨーロッパ人が日本に興味を抱いたのは、十三世紀にアジアを旅したマルコ・ポーロが発表した『東方見聞録』の中の、〝黄金の国ジパング〟の記述を読んでからではないだろうか。マルコ・ポーロ自身は日本に上陸していないが、中国での噂をまとめて「人々は色白く、礼儀よく、美しい」うえに、「金が大量にあり、宮殿は純金で葺かれている」などと記した。この旅行記は数多くの言語に訳されてヨーロッパ中に広まったので、ジパング伝説は定着した。

十六世紀には、スペインやポルトガルから多くのイエズス会修道士がキリスト教布教のためにアジアを訪れ、彼らは各国事情を詳細に記録して本国へ送った。彼らによって書かれた日本事情を記した報告書は、大航海時代の冒険や布教、貿易などを志すヨーロッパ人たちに大きな影響を与えた。

そして十九世紀末。ヨーロッパでは日本の美術、絵画が高く評価されて浮世絵や根付け、漆器、陶磁器などに関心が集まり、いわゆるジャポニズムブームが各国で巻き起こっていた。その裏には徳川幕府が行った広報外交の努力があったといえよう。

一八六七（慶応三）年、幕末の混乱にもかかわらず、イギリス大使のアドバイスを受け入れ、欧米各国に自分たちの文化や存在を知らせようとパリ万博に出展。薩摩藩や鍋島藩も自慢の工芸品を出品したため、あでやかな漆器、陶磁器、甲冑や刀剣類、金銀細工、木彫、浮世絵、和紙などを通して日本の伝統美と職人技が伝わり、ヨーロッパ人の感嘆の的となった。明治政府も一八七三年のウィーン万博に正式に参加。わざわざ大工や庭師を送り込んで神社や日本庭園を再現したり、芸者や軽業師を派遣したりしてエキゾチシズムをふりまいた。

日本に魅了されたロートレック、ゴッホ、マネなど高名な画家たちも、浮世絵を熱心に研究して新感覚の構図に取り組んだり、キモノをまとった女性やシルクの光沢の美しさを好んで描いたりした。また、ジャポニザン（日本かぶれの人々）と呼ばれた人々は、おしゃれな部屋着としてキモノを愛用し、薩摩焼や九谷焼、屏風などを買いこんで邸宅を飾った。

そんな頃に、帝政ロシア領だったリトアニアが、日本から集団の客人を初めて迎えた。

時は一八六三（文久二）年。徳川幕府から派遣された三八名のサムライ使節団だ。「文久遣欧使節団」として渡欧した彼らの目的は、各国と約束した開港を攘夷運動の広まりから延期する交渉と、ロシアとの国境協議だった。そのため、長いこと函館奉行をつとめ、樺太をめぐるロシアの野望を知り尽くした竹内保徳《たけうちやすのり》下野守《しもつけのかみ》（当時五六歳）が団長の役を引き受けた。英語の通訳は、のちに明治政府の立役者の一人となる福沢諭吉（当時二九歳）が担当した。

　使節団は出発するにあたって、白米、わらじ、照明器具など、大名が国元を離れるときのようにすさまじい量の荷物を船に積みこんだ。宿泊するホテルの事情がまったくわからなかったために、廊下を照らす行灯やろうそく、ぼんぼりまで準備したという。

　ところが、現地に着いてみたら「各室には温めた空気が流通する。無数の瓦斯燈は室内廊下を照らして日の暮るるを知らず」（『幕末遣外使節物語』尾佐竹猛著　講談社学術文庫）。「しまいには米をはじめ諸道具いっさいの雑物を、接待係の下役のランベヤという男に進上して、ただでもらってもろうた」（『福翁自伝』福沢諭吉著　慶應義塾大学編）という始末。

　彼らは、フランス、イギリス、オランダ、プロイセン、ロシアと交渉を重ね、ペテルブルグから列車で南へ下り、リトアニアのカウナスに立ち寄った。ここでも滞在先のホテル周辺には、絹の瀟洒な袴に刀を二本差し、ちょんまげを結った日本人をひと目みようと野次馬が集まり大変な騒ぎになったようだ。

　それから一〇年後、今度は着慣れぬ洋服に身を包んだ岩倉使節団が、一八七三年にリトアニアを列車で通過した。ドイツとロシアの国境駅にあたるヴィルジボロヴォ

（現在はリトアニアのヴィルバリス）から、ロシア皇室の専用車輌に乗り換えてペテルブルグへ入った。彼らは、リトアニアの神々しい森やのどかな田園地帯を、車窓から堪能したに違いない。

著者は、夢の翼に乗ってきた

私は、リトアニア科学アカデミー図書館の閲覧室で、案内役のライリエネさんから白手袋をもらってページをめくっている。二六歳の青年が初めて書いた日本論は、わら半紙のような茶色っぽい用紙に細かい文字がびっしりと印刷されていた。

著者のカイリースは第一巻の最後に、こう書いている。

今日、ヨーロッパのほとんどすべての大きい港で日本の船を見つけることができる。金持ちならば、その船に乗ればいい。日本のどの都市へでも連れて行ってくれるだろうし、到着後は列車を利用すれば、わずかな金額でミカドの国を縦横に移動することができる。

（第一巻より　瀬戸はるか訳＝以下すべて同様）

このように断ったあとで、読者に大切なメッセージを届けている。

しかし、大金がなくとも日本を知る道はある。日本や日本人、人々の習慣や生活についても多くの良書が出版されている。ただ残念なことにどれも我々の言葉ではない。そこで、この本を書くにあたって、日本について知ろうとしていても自分の言葉しかできないリトアニア人の助けになりたいと考えた。

つまりこの本は、お金持ちの物見遊山のためのガイドブックではなくて、日本に興味があっても旅行に行かれず、リトアニア語しか読み書きのできない一般人のために書いた啓蒙書なのである。カイリースは以下のように続ける。

ニッポンが有名になったのは、世界で最も強大な国と戦い、敵を何十万人も倒し、立派な艦隊を十隻以上も沈めたからである。だが、軍隊や艦隊の他にも、この国には見聞すべき価値あるものがたくさんある。私たちは多くのことを日本人から学んだり、日本の例にならったりする必要がある。

「多くのことを日本人から学んだり、日本の例にならったりする必要がある」という簡潔なメッセージは、三部作のすべての内容に込められている。

第二巻には明治時代の風俗を描いたイラストが使われている。挿絵に登場するだんご鼻のぼくとつな人力車夫と商家のおかみさん風の女性客は、リトアニアのごく一般の人々が初めて目にした日本人となっただろう。

「この本を見るたびに、ヤポーニアへ行きたくなるわ」

日本へまだ行ったことがないというライリエネさんにとって、カイリースのニッポン論は、東洋の不思議の国に誘う力をまだ失っていなかった。

微笑みながら死ねる人

それでは、カイリースが資料と夢想を駆使して書いた三冊の日本論の内容を、テーマごとに抄訳してご覧入れよう。

第一巻の『日本今昔』では「シベリアの先、リトアニアから東に一万マイル……」という出だしで、まず日本の位置から書き始め、第三巻『日本人の憲法』の最終章では、読者の興味に応えて、日露戦争における日本の奇跡的勝利を分析。日本兵の規律の正しさや、捕虜に対し非常に紳士的だったことなどをあげ、その背景に遵法の精神と「サムライたちの心」があったと結論づけている。

リトアニアの読者に対して、カイリースはまず日本という国土の地理的条件から説明している。オーソドックスでわかりやすい手法だ。

まるでドローンで列島全体を俯瞰しているような描写によって、読者は日本がはるか彼方の東洋のはずれにあることを知り、寒さの厳しいリトアニアと違って、気候が非常に穏やかで暮らしやすいことを理解する。

それでは、夢想の翼に乗って私たちも、カイリースが描いた一〇〇年以上前のニッポンへの旅に出てみよう！

シベリアの先、リトアニアから東に一万マイル近くも行った広大無辺の大海原の波間に、縄を伸ばしたように長い島嶼の列《つら》なりが横たわっている。北は、ロシア政府が罪人を送り込んできたサハリンに達し、南は中国の東岸あたりまで延びている。これが日本国である。

日本はロシアに比べるとかなり小さい。全面積は五十三分の一にしかならない。国土の八十パーセントが山地で、平野は二十パーセント。そこに、小柄な黄色人種で目尻の上がった日本人が四千七百万人も住んでいる。

日本人は、すべての生きものに愛と温かさをたっぷりともたらす日本の太陽のように、陽気で優しく親切である。山が多く、森林と田畑で緑一色の日本は、春や秋には美しい庭園のようになる。高い山に登ると、森に覆われた丘と麓、ところどころに小さな耕地、緑陰の間から村や町も見られ、その先は海の水がどこまでも青く続いている。その水が陸地を全方向から取り囲み、果てしなく遠くまで流れていき、時には荒れ狂い、その波は日本の緑したたる岸辺を洗っている。

島は全部で三千あり、大きい島は四つ。国土の面積は小さいにもかかわらず、植物は多様である。北部には針葉樹が育ち、モミ林や松林がある。穀物の種類はリトアニアと同様である。一方、南部では熱帯の果物や穀物、草や広葉樹が見られる。植物の多様性は日本の気候に即している。北では一年に半年も雪が地面を覆ったままだが、南では雪が降らなかったり、降っても二~三日で溶けてしまう。

日本には野生動物がたくさんいる。北部の森には、ロシアで普通に見られる熊よりもやや小さめのツキノワグマが、唇を垂れ下げてうろついている。オオカミ(註・「北部の森」という記述からすると「エゾオオカミ」と考えられるが、日本固有のオオカミ「ニホンオオカミ」のことを伝えたかったようだ）もいる。場所によってはキツネも入り混じり、イノシシやアナグマもいる。南部では、日本人のようにせかせかした、小さなニホンザルが木によじ登っている。

日本は動物と植物に富んでいるだけではない。日本の山々には非常に質の良い石炭層があり、銅と鉄も生産する。今のところまだうまく掘り出されてはいないが、この資源は将来、日本人自身の需要を満たすだけでなく、他国に売る事も可能となるだろう。

自然が、あらかじめすべてを見越したように、日本は深い海で囲まれ、商人が容易に乗り入れられるように海岸線が曲がりくねっている。この国には、他の国とは比べものにならないほど、船が停まりやすい良港が数多くある。


読者はカイリースのナヴィゲーションで、未知なる国ヤポーニアのアウトラインをまずつかむ。すると今度は、そこにどんな人びとが住んでいるのか？という好奇心がわいてくるだろうと考えたのか、カイリースは、〝日本人は良民である〟というヨーロッパでの定説を踏襲して解説を始める。

まるで、日本の明るい太陽と晴れ渡った空が日本人の心を澄み渡らせて、暗い考えが心に居座らないようにしているかのようだ。日本人は空を飛ぶ鳥のように、明日何を食べるか、何をもって自分の身体を覆うか、なんてことはあまり心配していない。

懐に金がうなるほどあれば、日本人はたらふく食べ、宴会を開き、身なりを良くし、近親者への援助も気前よくはずむ。

彼らは金が無くてもたいして困らない。どこに質屋（物を担保に金を借りられるところ）があるか知っているし、最も貧しい人でも十数銭（日本の貨幣。我々のカペイカとほぼ同じ）くらい借りられそうな物や衣服は、何かしら見つかる。その金で食いつなぐ間に、またいくらか稼げると思っている。

日本人は大変礼儀正しい。日本人はまったくと言ってよいほど言い争いができない。逆に、ていねいに話すのがうまく儀式好きである。通りで知り合いに会うと、お互いに立ち止まって際限なくお辞儀をする。それから自らをへりくだり、相手を立てて褒めながら話し始める。家の中で逢うとき、さらに儀式は増える。だが、彼らの丁重さは自己卑下とは無縁だ。相手を敬いながらも、自分の矜持も保ち、必要なら独特なやり方で自身の尊厳を守り抜く。

つまりこうだ、上官に不当に侮辱された天皇（ミカド）の臣下がいたとしよう。彼は上官に手を上げたくはないが、侮辱されたまま生きていたくもない。そのために自らの命を絶つのである。次のような事件も実際に報告されている。日本人の家に招かれたヨーロッパ人が、口を慎むことができず、侮辱するような言葉を主人に言った。すると彼はすぐさま刀をつかんだが、なんとか自制しつつ家を飛び出していった。家の者がようやく主人を捜し当てたとき、彼は命を絶った後だった。日本人は、客人に仕返しすることもできなかったが、プライドを傷つけられたまま生きることもできなかったのだ。

そもそも「太陽のように陽気」「子供のように天真爛漫」「優しく親切」という日本の印象を世界に宣伝してくれたのは、大航海時代に入っていち早く日本へやってきた〝南蛮人〟たちだった。ヨーロッパに比べれば、冬場でも快晴が多く、空が抜けるように高い日本の気候。私たちが〝ニッポン晴れ〟と呼ぶ太陽のまぶしい晴天が、人々の心情にも反映していると彼らは感じていたようだ。

ポルトガル王の命を受けて布教活動をしたスペイン人宣教師のフランシスコ・ザビエル（一五〇六～一五五二）は、インドのゴアに拠点を置いたイエズス会あての書簡の中で、「この国の人々は今までに発見された国民のなかで最高であり、日本人より優れている人々は異教徒のあいだでは見つけられないでしょう。彼らは親しみやすく、一般に善良で、悪意がありません。驚くほど名誉を重んじます」(『聖フランシスコ・ザビエル全書簡・第三巻』河野純徳訳　東洋文庫)と、好意的な印象を述べている。カイリースも日本人の気質を説明するにあたり、多くの紀行文や伝聞記録を読んでいただけに、日本人が「礼儀正しく」「言い争いができない」とする。確かに昔の一般庶民は、現在の私たちよりずっと屈託がなく、生活の心配もストレスも無く、毎日を過ごしていたように思われる。一方、サムライたちは自尊心が高く、侮辱されることを何よりも恥とする。

そうした日本人に接した外国人たちは、一様に礼儀正しさやプライドの高さに驚いたことがよくわかる。カイリースは日本人の特性として、「祖国や君主のために微笑みながら死ねる人」を挙げ、彼の中の「日本人像」を定義づけている。明治時代にドイツからやってきた宣教師のムンチンガーも、「日本兵は戦いにおいては勇敢に、危険においては大胆に、恐れることなく死に向かう。日本人ほど真の英雄が沢山いる民族は他にあまりないだろう」(『ドイツ宣教師の見た明治社会』生熊文訳)と、紀行文の中で以下のように記しているから、カイリースの観察は的外れとは言えないだろう。

日本人、特にサムライ階級は勇敢だ。戦いで燃え上がり、自分の祖国や君主のために微笑みながら死ねる人々である。ロシアとの戦争のとき、日本人は敵に対して何ができるかをいくどとなく見せた。夫を失ったリトアニアの多くの女性は、悲しみにくれながらも日本人の勇猛さを長いこと語り伝えるだろう。

しかし、日本人の勇敢さは敵に打ち勝つまでであり、ひとたび勝つと、日本人は負傷者や捕虜に対して、教養のあるヨーロッパのキリスト教徒より十倍もていねいに接している。我々の兄弟が日本から戻ってきたら、日本人についてさらに多くを語ってくれるだろう。戦争中の日本人の頑固さ、残虐さについての報道の多くは、悪意を持った人々が作り上げて広めたでたらめな話であることに、まず注意を喚起しておかなければならない。

カイリースは、ペテルブルグ滞在中、日露戦争のネガティブキャンペーンとして日本軍の残虐非道さを強調した記事も目にしていたはずだ。しかし彼は、センセーショナルでグロテスクな記事の裏側に悪意や操作があることを見破り、為政者や金持ちは、メディアを思いのままに操れると、読者にそれとなく注意を喚起している。

その上で、日本人の天真爛漫さや武士道精神からくる美徳ばかりでなく、日露戦争におけるロシア人捕虜の扱いを特記していることは興味深い。欧米人にとって、日本は黄色人種の新興国家にすぎなかったため、日本政府がジュネーブ条約にのっとって捕虜を人道的に扱ったことは、一種の驚きをもって受けとめられた。国際法やルールをきちんと守った日本人に、カイリースはとても好意的だ。

敗走するロシア兵

なぜ、小国日本は巨大なロシアに勝つことができたのだろうか。

初めて日本軍がロシア軍と会戦したのは、ヤル川（鴨緑江）沿いだった。日本軍は橋を渡り、敵を川から追いやらなければならなかった。ロシア軍は高い丘の上にとどまり、大砲で周囲を固め、塹壕を掘っていた。

日本人は進軍を始めた。静かに落ち着いて、パレードのように整然と並んで動いた。日本軍は敵の銃弾に散っていった。殺された者たちが生きている者たちを倒しながら、丘から転がり落ちてきた。それでもまだ立てる者は、部隊であろうと一人であろうと、前へ前へと進み、山によじ登っていった。敵が近くなればなるほど、ミカドの兵隊は勇ましく敏捷になってくる。もはやそれは勇者というより、興奮して燃えたつ憤激の人々であった。死を恐れず要塞を取るという、たった一つの望みしか胸に抱かぬ人々であった。

ついにロシアの要塞は奪い取られた。

何千もの小さい「サル」がどんどん上によじ登り、川の反対側からはロシア人の頭の上に何百もの手榴弾をふらせて大地を地獄に変えてしまった。

日本人はさらに上へ上へとよじ登っていった。第一陣は要塞の間近に達し、銃剣で敵を襲う。第一陣が倒れるとさらに多くの兵隊が押し寄せ、力強い「万歳」（日本人の「万歳」はロシア人の「ウラー」に同じ。これは戦いの叫び声である）の叫び声が大気を震わせ、山々に、山麓に、川の向こうまでこだました。日本人が要塞の頂上を占領したのだ。

ロシア人は二方向から追いつめられ、何千人もが要塞からころげ落ちながら退却した。ある者は恐怖から半狂乱となり、振り返りもせず逃げ出し、銃も袋も衣服も靴も放り投げて走って行った。兵士の部隊は軍馬と交じり、互いに踏みつけ、押しやり、互いを殺してでも、ただただ自分の逃げ道を求めていた。

ヤル川（鴨緑江《おうりょくこう》）での戦いの後、ヴァファンゴウ（得利寺《とくりじ》）、チュレンチェン（九連城）、ポートアーサー（旅順）、リャオヤン（遼陽）、シャーホー（沙河《しゃか》）、ムクデン（奉天）及びテリヌ（鉄嶺）で戦いが行われた。どこにおいても日本人は整然と列を組んで、勇ましく冷徹に突撃した。日本人の将官・将校は、ロシア人に命中するように狙いをつけていた。多くの戦場で何万人ものミカドの臣民は殺されたが、倒れた者に替わる者が常に突進して万歳を叫ぶ。日本人は本当の意味で勝った時にしか万歳を叫ばないということも知っておかなければならない。

ロシア軍は、時には一歩進んでは退却し、時には全速力で敗走した。何ヶ月もの間、雨でも猛暑でも厳寒でも、日本人もロシア人も、塹壕に潜り込んで戦場に留まらなければならなかった。

ぼろを着て腹を空かせ汚れたツァーリ（皇帝）の兵隊たちは、日本人が捕虜になると部隊中から見物しに押しかけてきた。彼らの敵はいつもこぎれいで身軽な服装をしており、靴もちゃんと履いて、腹をすかせた者や汚れ放題の者はほとんどいなかった。

ロシア人将校は兵士たちの物資を保管している倉庫を燃やしたが、日本人は決して燃やさなかった。だから、日本の鉄道や船は常に必要な物を遅れずに届けることができた。政府が軍隊に割り当てた資金は、あちこちの知事らの手に渡ったりしないで、届くべき場所に届いていた。日本国家は、盗んだ金で懐を一杯にするためではなく、敵を打ち負かすために戦争に行ったのだ。

一年七カ月に及んだ日露戦争の戦場は朝鮮半島と中国の北部。最初に日本軍が旅順港のロシア艦隊を砲撃したことから始まった。

旅順では、乃木将軍率いる第三軍が死闘を繰り広げ、多くの死傷者を出した。カイリースが書いているとおり、まさに「死を恐れず要塞を取る」ことだけを目標に戦ったわけだが、さんざんな結果に終わった。多くの死傷者が出た原因の一つに、日本軍の軍服が黒色だったため、雪の戦場で目立ったために標的にされたという見方があるそうだ。ちなみに、その後、陸軍の軍服は黒からカーキ色に変更された。

旅順から敗走した本軍は、鴨緑江を渡ってロシア軍と戦い、金山、大連と進軍して奉天を目指した。すさまじい砲撃戦を繰り返しながら日露両軍は戦うのだが、この段落で紹介するように、カイリースは一箇所だけ日本人を「サル」呼ばわりしている。

当時ほんとうに日本人をそう呼んでいたのは、皇帝ニコライ二世やロシア宮廷の高官や軍人たちだった。戦争当初、彼らは日本人を明らかに自分たちより下にみていた。そんな貴族階級の認識の甘さを強調するために、この言葉をカイリースはあえて使ったと思われる。

また、カイリースは「あの日本人が空腹でぼろぼろになるはずがあろうか！」と、とても好意的に日本兵を描写してくれているが、実際のところはぼろぼろの状態で闘っていたのだ。砲弾で亡くなった兵隊だけでなく、傷の手当てが行き届かなかったり下痢や感染症にかかって命を落とした兵隊たちは数知れず。先の日清戦争も同様だったが、日露戦争でも戦闘以外の死者は非常に多かった。

カイリースの日本論では、第三軍司令官乃木希典が指揮をとった旅順要塞の攻防をめぐる死闘や、現在の中国瀋陽付近の荒野で日露六〇万の軍隊が激突した奉天会戦の様子など、いくつかの場面を混ぜながら伝えているため、全体像はわかりにくい。だが、カイリースの記述は軍記的な内容というよりも、日本軍がロシア軍より規律と勇気があり、いかに愛国心にあふれているか、という点に注目して読者に激戦の模様を解説している。

「奉天」のことを「ムクデン」と書いているのは欧米風の発音をロシア人が踏襲していたためである。地名の由来については司馬遼太郎もその著書『坂の上の雲』の中で解説しているとおり、明朝を破った満州族は北京を首都にする前にこの土地を「盛京」と名づけ、自分たちの習慣どおり「Mukden」と呼んでいた。

ロシア側のオウンゴール

それにしてもなぜ、日本人は意気込みに溢れ、あらゆる面で秩序がとれていたのか？　なぜ戦果が挙がったのか？

それは、何よりも日本人全体が戦争を望んでいたからだ。日本の農民は土地が足りず、広々とした満州やシベリアの平野を夢に見ていた。故郷に居場所のない農民は、戦いにさえ勝てば広々とした大地に移住することができると信じていた。農民兵士は救いを見つけられると信じて、満州に出兵したのである。

日本人の労働者たちも戦争にたじろがなかった。

日清戦争の結果、新しい土地を占領することができたので、工場主は新しい市場に商品を送り、儲けることができた。

ロシア人との戦いに勝てば、中国人との戦いの時と同様に政府の支援が約束されていた。日本の労働者たちは、自分の力で政府や資本家と戦うことはできず、まだ弱い存在だったが、それでも戦争は多くの者にとって、より人間的な状態に近づく最短の道だと思われた。そのため、日本の国民は命を惜しまず、自分の運命と政府を呪うことなく、自らの意志で戦争に赴いたのだ。

商人と企業主の双方にとっても、満州は約束の地であった。そこにはすでに何千万もの人々が住んでいて、日本の商人から品物を買い、商人は日本人の工場主から商品を仕入れる。勝利によって門が開きさえすれば、戦争の時に流された血はすぐに利益にとってかわりポケットを満たしてくれる。戦争を起こさなければ、日本人が進出すべき場所にロシア人の資本が入り込んで、おいしいクリームを全部ひとりじめにして、日本人には酸っぱくなった牛乳しか残さないではないか。

日露戦争はそれまでの白兵戦とは違い、近代兵器と高度な外交工作と軍事作戦、膨大な戦費が、勝負の分かれ目となった。このため、はからずもロシア帝国の旧式で硬直した政治体制や疲弊した社会があぶりだされてしまった。

国力だけを比較すれば、当時のロシアの面積は日本の約六〇倍、人口は日本の四六〇〇万人（註・カイリースは四七〇〇万人と表記）に比べ、三倍の一億四〇〇〇万、陸軍兵力は約一〇倍の二〇〇万、戦艦数は二倍の一二隻だった。その領土は、西はバルト海沿岸から東は満州、北はカムチャツカ半島、南はルーマニアまでと、膨張を重ねて肥大していた。一方で、領土拡張のたびに異民族も増え、人口の三五パーセントを非ロシア人が占め、民族問題を抱えていた。

一八八一年三月に、ニコライ二世の祖父にあたるアレクサンドル二世（在位一八五五～一八八一）が暗殺された時も、犯人はポーランド人だったのにユダヤ人だというデマが飛び交い、各地でユダヤ人狩りが起こった。翌一八八二年には反ユダヤ法が施行され、彼らの権利を制限する法律が次々にできた。また、オスマン・トルコとの戦争（一八七七～一八七八）のあとで移住してきたアルメニア人への迫害、ポーランド人やリトアニア人の反乱、コーカサス地方のロシア化の失敗など、火種は絶えることがなかった。

財務大臣だったセルゲイ・ウィッテ（一八四九～一九一五）は、ポーツマス講和条約の交渉において巧みな外交手腕を発揮し、日本側から譲歩を引きだしたことで知られているが、そもそも日本との開戦には反対の立場を取っていたという見方を、後世の研究者たちはとっている。皇帝の重臣たちは、極東の日本よりもドイツの脅威に備えるべきだと考えていたようだ。

ウィッテは、回想記の中で「あの不幸な冒険」「極東に於ける声望を失墜させた」「恥多き戦争」「何等の成算もなく子供の喧嘩のやうに始められた戦争」と繰り返している。そして、日本人がロシア軍を撃破したのではなく、「民衆の意思を抑圧した驕児に等しい愚劣極まるロシアの政治形態を破壊したのである」と断じている。

ウィッテが大きなため息とともに述懐した〝愚劣極まる政治形態〟とは、皇帝とそのいかがわしいとりまきが行った専制政治をさす。ニコライ二世は、全土に広がる不満や貧困、反乱を解消する手だてもなく、守旧派の大公たちや迷信深い皇后、私腹を肥やすことしか考えぬ役人たちに人事まで介入させ、判断を誤った。

ニコライ二世は、日本に渦巻くエネルギーがやがて自国に向かうことを予見できなかった。彼は皇太子時代の一八九一年に長崎、鹿児島、神戸、京都と各地を訪れて見聞を重ねたにもかかわらず、情勢判断を誤ってしまった。弱小国日本が宣戦布告をしてくるなど思いもよらなかったようで「日本との戦争はありえない、なぜなら余が欲していないから」と同盟国に向かって常に語っていた。

そのせいか、日露戦争の最中でも、ニコライ二世は狩猟、観劇、温泉地での保養、貴族たちとの晩餐会というふうにいつもどおりの生活を続け、戦況に関しては「今日も悪いニュースが届いた」などと、ひとごとのように日記につづっている。

要するに、ロシア側のオウンゴールにも似た失策や国内事情が、日本を奇跡的な勝利へ導いたともいえる。

サムライ魂が目覚めた

維新前の古い時代に主人公だったサムライたちも戦いを待っていた。

世の中が変わり、彼らの多くは新政府の役人として登用され、事務職を命じられた。サムライの中には、将校として軍隊に入った人も多くいたが、役人の仕事も将校の仕事もサムライを満足させることはできなかった。彼らは、自分の先祖が常に二本の刀を差して歩き、最も重要な仕事は戦いであったことをよく覚えていた。だから、戦争が勃発し祖国が危険にさらされた時、ニッポンのサムライたちは、政府に対して自分たちの勇敢さと忠誠心を見せつけ、称賛を得ようとしたのだ。

華族たちにとっても戦争はまったく無関係ではない。華族の大多数は今日の政府の高い地位を独占している。大臣、議会議員、将校、県知事などである。今は神聖なる天皇が彼らに気を配り恩恵を与えているので、居心地の良い生活をしているが、天皇の権力は、いずれ国民の手に移行するかもしれない。そのことを考えると、天皇だけでなく、国民の間にも好感を高めておかなければならない。国民に望まれて、首尾よく終わる戦争ほど、政府の評判を上げられることが他にあるだろうか。

このように誰もが戦争を望んでいる状況の中で、日本政府も念入りに戦争の準備を進めたのだった。何年も前からひそかに兵隊を訓練し、銃と大砲を入手し、船を建造し買い取った。兵隊の物資を入れる大きな倉庫に必要な物資を詰め込んだ。何千もの日本人が様々な格好をして満州中に散っていた。ロシアのシベリアまでやってきて、敵を研究し必要な情報を集めた。そして、日本人は最善を尽くした。

日本の政府は、国民の金を無駄には使わなかった。国民も政府の命令によく従った。彼らは高い教育を受けていたので、今度の戦争が国の命運を決することをよく分かっていた。

そのため、日本人はすでに頭から足の先まで武装して、太った間抜けな将官が率いる、準備不足の無知な敵に対して勇敢に向かっていった。日本人は最初から最後まで、陸地でも海上でも、ロシア人を打ち負かした。自由で教育を受けた人々はその働きぶりよって、無知な奴隷がたとえ三倍も多くいたとしても楽に勝てることを、ロシアの兵士にもツァーリの国家にも示したのだった。

「誰もが戦争を望んでいる状況の中で、日本政府も念入りに戦争の準備をした」とカイリースは説明しているが、それには理由があった。日本は、日清戦争後に清国から譲り受けた遼東半島を、ドイツ、フランス、ロシアからの圧力に負けてその権益を手放すという苦い経験があった。これは愛国心に富む日本人のプライドを相当に傷つけた。日本の譲歩をよいことに、ロシアとドイツは遼東半島に足場を築いた。満州経営をもくろむロシアにとっては、極東に不凍港を持つ絶好のチャンスだったのだ。

屈辱的な三国干渉から約一〇年、日本は兵力や戦艦を計画的に増やして、佐世保に石炭を備蓄し、民衆は本土決戦に備えて訓練を積んだ。さらには日英同盟を結び、戦時国債を発行して各国から戦費を集め、講和条約の仲介を米国に頼むなど、終戦のシナリオをしっかりと描いてから戦いに臨んだのである。そう、日本は確かに用意周到だったし、ロシアにはとうてい望めぬ若々しいエネルギーと新しい社会への期待が満ち満ちていた。それに対してロシアは、勝つための意気込みも戦略も準備も不十分なまま戦争に突入した。

日本が世界の表舞台に躍り出て、西洋列強からアジアの近代国家として認められるようになったのは日露戦争の勝利が大きく貢献した。明治政府の広報活動もぬかりなかった。

一九〇六年、明治天皇にガーター勲章を奉呈するために来日した英国王エドワード七世の名代コンノート公アーサー殿下の従者の一人だったミットフォードは、横須賀の軍港を視察したとき、砲撃で穴だらけになり、薄紙のように曲がった鉄の塊の前に案内された。それは対馬沖海戦で撃沈されたロシアの軍艦の無惨な姿であった。

彼がその後訪れた長崎の佐世保港でも広島の呉港でも、日本海海戦の戦利品であるロシアの軍艦がさらしものとなって港につながれていた。日本政府は、このように各地の軍港を使って日露戦争の劇的勝利を誇示するためにロシア軍の残骸を陳列し、国民や海外の賓客に向けてアピールした。帝政ロシアの凋落ぶりと新興国日本の実力を見せつける演出は、政府の意図どおり大変な効果があがった。

日本の勝因を分析

カイリースは、日本の勝因として以下のことをあげている。

一、日本人の資質（勇敢さ、誇り高さ、教育の高さ）

二、国民が一丸となって戦争に臨む覚悟（日露戦争は、日本人にとって、国民国家を賭けた戦いだった）

三、ロシア軍の軍紀の乱れや政府の腐敗ぶり

四、日本政府の作戦遂行力

五、日本の用意周到さ

カイリースは特に三番目の、動脈硬化に陥っていた皇帝専制を強く批判している。彼が辛辣に描くツァーリ（皇帝）の軍隊は、腹をすかせ汚れた軍服と乱れた軍紀のもとに戦いを続けている。それに対して、ミカドの軍隊はこぎれいで忠誠心に富んでいる。物資の横流しを平気でするロシア政府と、国民の血税を有効活用する日本政府。

こうしたわかりやすい対比を重ねることで、ロシアの敗因が浮き彫りになっていく。後で触れるが、十八世紀以来の帝政ロシアによる圧政のおかげで、若き日のカイリースは社会主義に強く共鳴していた。ロシア革命前夜という時代背景も加わり、カイ

リースが祖国を帝政ロシアから開放して、自由で平等な社会を目指そうとしていたことは容易に理解できる。

それにしても〝太った間抜けな将軍〟〝ぼろを着て汚れたツァーリの兵隊たち〟など、ロシア軍に対するカイリースの言葉は容赦が無い。こうした文章が何の検閲もなしに世に広まったことに、帝政ロシアの属領となっていた国々の昂揚感がみてとれるし、ヨーロッパ中の社会主義者たちが、ペンの力でロシアを追いつめていた様子がうかがえる。

では、著者のカイリースは、どのように日本や日露戦争に関する情報を集めたのだろうか？

実は、彼が往き来していたペテルブルグとヴィルニュスには、私たちが思う以上に日本に関する資料が集まっていた。日露戦争自体、各国の通信社、日本駐在の記者によって世界中に詳報されていたし、日本政府から招聘されて前線を視察した各国の軍人らも発信していた。おまけにカイリースはロシア語、ポーランド語、ドイツ語、英語が堪能だったので、さまざまな報道記事や歴史資料を読み比べることもできた。

さらに、ポーランド建国の父と呼ばれ、カイリースとも親交のあったポーランド社会党のユゼフ・ピウスツキ（一八六七～一九三五）も多くの情報を与えたと思われる。彼は、〝ポーランドと日本共通の敵はロシア〟という持論から、ロシア革命を裏から工作した陸軍参謀の明石元二郎（一八六四～一九一九）の紹介をとりつけて、日露戦争の最中、一九〇四年七月に日本へやってきていたのだ。

ピウスツキは日本政府の高官たちにポーランドの革命支援を強く訴えたが、日本政府は複雑な国際問題にかかわることを恐れて、彼の提案はやんわりと断った。その代わり、ポーランドの反ロシア勢力が武器を購入するための資金を、日露戦争が終わるまで提供し続けると約束して。

ピウスツキは日本からヴィルニュスに戻ってくると、戦争の経緯や日本軍の勇猛さ、強大なロシアに挙国一致で立ち向かう忠義な日本人について、多くの生々しい情報を市民たちに話したことだろう。カイリースらもその話を間接的に聞いて武者震いをおぼえたに違いない。

日本軍の活躍や勇気、モラルを高く評価していたピウスツキは、日露戦争終了から二〇年以上も経ってから、生き残っていた日本軍将校にポーランドの勲章を授与したほどの親日家だった。

カイリースは日露戦争についてこのようにも記している。

二つの人種の交流が、血生臭い戦争で始まったら、兄弟の友情で終わらせなければならない。昨日までの敵は互いに手を差し伸べ、友好関係を持ち続けようと約束した。日本人自身は昔、白人を獰猛な鬼のように恐れ、自分の国には上陸させなかったが、今は少しずつ外国人にも慣れて信用するようになり、人間同士の付き合いができるようになった。今後もその道を進み、成功するよう祈っている。

カイリースの日本論が世に出たのは一九〇六年だったから、その後の日露の関係には触れていない。彼が語ったようになればよかったのだが、日本とロシア（ソ連）の関係はそうはうまくいかなかった。講和条約が結ばれて、両国は恒久平和を目指すはずだったが、ロシア革命のさなか、ボルシェヴィキ軍（赤軍）にとらわれたチェコスロヴァキア軍を救出するという名目で、日本は一九一八年から一九二五年までシベリアに出兵、多くの兵隊の命と巨額の戦費を無駄にする戦いをしたのである。

第四章　奇跡が起きている

天皇は太陽の子孫

ここからは、第一巻『日本今昔』に収まっている日本の歴史と第三巻『日本人の憲法』で解説している、明治時代のニッポンに関する記述を再編集してご紹介したい。

カイリースは、おおざっぱな日本史として次のようなストーリーを展開していく。

すなわち、〝渡来人として朝鮮半島からやってきた日本民族が、三世紀に太陽の子孫である天皇の国家（註・大和朝廷）をつくり、先住民族のアイヌ人を北に押しやって、主だった島々を統一する。その後サムライが台頭して権力は将軍家へ移るが、十九世紀の半ばになるとサムライの統治に不満を持っていた民衆は、白人の開港要求に揺れる将軍家を倒し、天皇が政権中枢にカムバックする〟。

日本について何も知識を持たない一般人のための、最低限の知識としては上手く紹介しているほうだと思う。一方で、著作の中には首をかしげたくなるような説明も少なくない。しかし、この本が書かれた時代背景やリトアニア国民を始め著者の置かれた状況、さらには彼の熱い気持ちを考えると、やはりユニークな読み物というほかない。

中でも、カイリースの興味の中心は「神聖なる不可侵の天子」として神秘のヴェールに覆われたヤポーニアの王、つまり天皇の存在だ。征夷大将軍を頂点にしたサムライたちの国盗り合戦からも遊離して神のように崇められている天皇に、彼は日本の歴史の連続性を重ねている。天皇が万世一系の存在であるという点を強調して読者に伝えたかったのだろう。カイリースは神武天皇から紹介を始める。

古い日本の書物には、太古の時代についての神話が書き記されている。その記述によると、日本民族は紀元前七世紀に朝鮮から海を渡って現在の地に定住した。

神話によると、ヤポーニアの最初の王であるツィンム（神武）天皇は太陽の子であったという。この初代の天皇もその継承者も、亡くなればその長男に地位を継がせたので、現在のムツヒト（睦仁）天皇は皇統譜の上では百二十二代目にあたり、遥かに続く太陽の子孫なのだ。

天皇は法律を定め、裁判を行い、税金の徴収、役人の任命などをこなした。日本人が昔から天皇を「神聖なる不可侵の存在」と教え込まれていたことを考えると、その権力はかなり強大であったらしい。ヤポーニアの王、すなわち天皇は、自分の一族と戦さで名をあげた軍人に土地を与えた。彼らの中から後に力をつけて領主になる「大名」（註・豪族の間違い？）が生まれる。

今でこそリトアニアの国民は敬虔なクリスチャンだが、その昔は太陽、雷、月、蛇、森など、自然界の神々を崇拝する多神教だった。そのため、他の西欧諸国から異教徒扱いをされ、ドイツ騎士団が北方十字軍として乗り込んできて改宗を何度も強要した歴史がある。国のすみずみまでキリスト教が普及したのは十六世紀に入ってからのことで、ほかのヨーロッパ諸国に比べれば、キリスト教の歴史は比較的短い。

だからこそ、「日本民族全体の上には天や太陽と通じていた天皇がいた」という著者の解釈は、さほど奇異な感じをもたれなかったのかもしれないし、日本民族が太陽の子である天皇をあがめ、そして現在に至っているというカイリースの説明も、リトアニアの人々には素直に受け入れられたのかもしれない。

リトアニア随一の日本学研究家だったネイマンタス博士（一九三四〜二〇〇九）もその著書『The Spirit of Nature』の中で、「リトアニアと日本の人々は数千年も前から星や風、土、火、岩、水、木、動物と共生してきた」と記し、「我々は自然との共生を決してあきらめず、自然に大きな恩恵を感じている日本人に学ばなければいけない」と、現代のリトアニア人に語りかけている。

続いてカイリースは、古代から中世にさしかかった日本の様子を次のように記述している。

大名（原文ママ）は広大な領地を管理する一国一城の主であった。大名は自分の軍隊を持ち、領地の百姓らには税を課し、時には掟を定め、役人を抱えていた。数の上では全人口のほんの一部にすぎず、それは人口一万人あたり一人の割合だ。大名の側近は中級貴族にあたるサムライ、すなわち兵士であり役人であった。サムライは領主の石高で養われ、その数はかなり多く、人口百人当たり四、五人ほどだった。内戦は際限なく続いていたので、このようなサムライは天皇にとっても大名にとっても重要だった。

大名の土地を耕す農民たちは、年貢を納めるかわりに武装した浮浪者から守ってもらっていた。長い年月の間に、大名たちは農民を奴隷にして年貢で肥え太った。日本の大名はリトアニアの貴族と同じように、貪欲で飽くことを知らぬ人びとだ。

彼らは年貢を増やしたり農民の自由を制限したり、重い負担を課したので、農民は自分の好きなように田畑を分けたり耕作したり、自分に必要な穀物の種を蒔くこともできなくなった。すべては主人の任意であり、命令であった。こうして日本の農業にも農奴制ができた。

カイリースがここで説明する「大名」とは、徳川時代のそれとは違う。彼は呼び方を知らなかったからこう呼んだのだろうが、それぞれの地方で力をつけていた「豪族」、つまり「荘園の領主」のことだろう。

豪族たちは自分たちの領地に堀や垣を造って、自分たちが住む館を中心に田畑を広げて、農民たちの集落をそのまわりに集めた。耕した土地は自分たちのものになったので、財力のある豪族たちはせっせと領地を増やした。こうして広がった農園を「荘園」と呼んだ。

中世の日本の農民は、ロシアの農奴と違って自分で耕す土地を持つことができた。それに対してリトアニアの農民は、帝政ロシアの属領下で農奴としてこき使われて、土地を離れる権利もなかった。実家が小規模な地主だったカイリースは、一八六一年まで続いた農奴制のもとで苦しんだ農民の実態を知っていた。彼は幼い頃からそうした不条理を見て、聞いて育ったから、日本の農民について大きな同情を寄せるのはごく自然の感情だ。

西洋事情に精通していた福沢諭吉は、日本の地主と小作人の関係を「父子の如く又親戚の如し」（『福沢諭吉全集　第十五巻』より）と評した。農民が小作米を納められないと地主は自分の蓄えを恵んでやったり、病気になれば薬を与えたりするので、農民たちは日ごろの恩に報いようと、天災や冠婚葬祭にいたるまで地主のためにボランティアをする。地主たるものは小作人に尊敬されるようふるまい、小作人は自分たちの地主を誇りに思っている。そんな両者の関係は、およそ「西洋人などの夢にも知られざる所なる可し」と書いている。

このあたりの、ニッポン独特の事情をもう少しカイリースに分析をしてもらいたかったが、カイリースのもくろみは、あくまでリトアニア人の意識変化、覚醒にあったので、多少の強調や農奴制になぞらえての説明はやむをえない。

カイリースの観察は、次に仏教伝来へと移っていく。

神聖なる天皇は、全力を尽くして領主間の争いを鎮めるよう努力したが、やがてうまくいかなくなった。勢力を増した大名と天皇との間に長い戦いが始まった。それは七世紀頃から十二世紀まで、約五百年も続いた。紙面の都合で詳細は省くが、ひとつだけ記しておくと、同じ頃仏教という第二の敵も現れた。

七世紀に中国からやってきた僧侶たちは、俗世よりも精神の内なる完成を目指すことを人びとに教える一方、自分たちは財力をたくわえ、それによって権力を得て人々を掌握し、時にはブッダの名の下に信者、領主、天皇自身へも影響を与え始めた。「神聖なる」天皇の苦労はますます増えたが、その権威は弱まるばかりだった。

ついには、自分ひとりで全土を把握することはできず、最も有能な司令官に権限を譲った。それを「将軍」と呼ぶ。

将軍はすべての権限を委ねられたが、領主の乱を鎮圧しなければならなかった。

これは一一五〇年（原文ママ）のことだった。

仏教が日本へ伝来したのは一般に五三八年と言われている。当初は排仏派と受容派の対立が目立ったが、やがて、朝廷が仏教を受け入れたことで全国に広がっていった。僧侶たちの反乱とともに調停を悩ましたのが、力をつけた物部氏や蘇我氏のような豪族との争いだった。両者の闘争が長い間続いたこと、その結果ついに「将軍」が現れたとカイリースは書くが、これは一一六七年に平清盛が、貴族の最高位についたことで武力も手に収めたことをさしているようだ。もしそうならば、「有能な司令官」、「将軍」も平清盛のことだろうが、カイリースの説明だけでは断言できない。

いずれにしろ、天皇に代わる新興勢力が天下を支配する時代になったということを力説している。武士の台頭だ。

将軍の要求で天皇は国事から遠ざかり、日本は将軍が統治することになった。しかし、一般庶民の目には、すべてが普通り天皇の名で行われていた。天皇は美しい宮殿と不足のない生活を保証されたが、自分の意のままにできたのは学術や芸術、詩歌の普及、そのほか宴や愛人選びくらいだった。

権力を握った将軍の政府は、大名が互いに争うことを禁じ、服従を徹底させるために大規模な軍隊を設置。維持のために重税を課した。税金は年々増えていった。一方将軍は豪華な城を建て貴族階級や多くの使用人をまわりにはべらせ、天皇よりもぜいたくな生活を始めた。

社会の基盤になっていたのは民衆であり農奴だった。民衆とは土に汚れた顔とマメだらけの手と、虐げられた心を持つ人々である。年々増加する税金はすべて彼らの肩にのしかかってきた。戦いのたびに苦労するのは彼らであり、いつも自分の稼ぎの大部分を主人に渡さなければならない「最下層」の人々を、上に立つ貴族階級は見下していた。

農奴の不幸に終わりなど決してやってこないと思っていたときに、古い秩序を根底まで壊し、新しい体制を導入する変化が突然やってきた。

南蛮人がやってきた

次にカイリースは、外国人の到来が、長らく続いてきた日本の秩序と平和にさざなみを立てたと読者に説き、そうした視点から日本の体制の変化を次のように話しを展開していく。

三百年も続いた鎖国時代、日本人は何者も恐れていなかったし、異邦人と出会うことも少なかった。先住民族のアイヌ人をとうの昔に北へ押しやっていたので北方からの危険はあり得なかった。限りなく広い四方の海が外国の襲撃から日本を守っていた。

ただし、日本史上三回だけ海の彼方から外国の軍隊が現れた。モンゴル帝国が襲来した時だ。だが、モンゴル人は一度として日本列島に到達できなかった。運よく台風が発生し、侵略者を断念させたのである。

十六世紀になると〝日出ずる国〟のまわりに、今まで見たことのないような大きな船が頻繁に現れるようになった。これらの船はヨーロッパから来たもので、さまざまな品物を運んできた。彼らはオランダ人（原文ママ）という名の白人であった。この渡来人たちは、交易するよう徳川幕府に開港を要求した。

オランダ人は交易しながら、他の人々にも道を示し、日本にカトリック宣教師を連れてきた。宣教師は日本でキリスト教を広めるために来た。日本政府は渡来人が日本に入り込んできているのを見て、恐れをなして、外国人が日本を訪れるのを完全に禁じた。司祭たちは国に帰るよう命じられ、交易もオランダ人だけにしか許されなかった。これは一六二四年に起こった。

しかし、白人からまぬがれるのはそう簡単なことではなかった。十九世紀に入ると日本の近海に一度に何隻もの軍艦が現れた。その司令官であったロシア人提督は、ロシア人に日本で自由に商売を行うことを許すようミカドに要求した。一八五三年、さらに大きい艦隊のアメリカ人提督ペリーがやってきた。ペリーは、交易のためなら大砲発射も辞さないと迫った。この待ちも頼みもしなかった客が、日本人の生活を根本的に変える重要な要因となった。外国人の襲撃を撃退するためには、日本のすべての力を結集しなければならなかった。

カイリースは、「南蛮人」＝ポルトガル人をオランダ人と取り違えている。交易とキリスト教の布教を目的に日本へ最初に来航したのは、ポルトガル王の命を受けたイエズス会の修道士たちだったことは周知の通り。七つの海を自由に航海する修道士たちが運んでくる最新式の武器と知識から学ぶことが多いと判断した織田信長は、宣教師の滞在と布教を許した。ちなみに天正少年使節団は、信長の亡くなった一五八二年に日本を出発している。

しかし、武器供与の代わりにキリスト教の布教を大名たちに迫り、着々と信者を増やしていくイエズス会の動きに、日本の植民地化を恐れた豊臣秀吉は、カトリックの司祭たちを危険視し、信者たちへの監視の目を厳しくした。やがて一五八七年に宣教師（バテレン）追放令を発布。その後、徳川幕府によって禁教令、鎖国、弾圧へと厳しさを増した。

そしてキリスト教の布教活動を行わないオランダと中国の明王朝だけを相手に対外貿易を許可し、一六四一（寛永十八）年、平戸で貿易をしていたオランダ人に長崎の出島へ移転するよう命じた。なお一六三五年には日本船の海外渡航と日本人の帰国を禁止した。

一方、ロシアと言えば、十七世紀から多くの日本人漂流民がたどりついてきたので、日本への関心は年々高くなり、一八〇四年にはレザノフ船長率いる遣日使節団が長崎に来港した。しかし幕府は通商許可を与えなかった。カイリースが記しているように、彼らは武力をちらつかせて貿易や開国を迫ることはなかったが、幕府の警戒感は一層高まった。

幕末には函館に初代ロシア領事を送り込んできたが、「待ちも頼みもしなかった客」とカイリースが表現したアメリカのペリー率いる艦隊とは違い、比較的、紳士的な外交交渉に終始した。このときのロシア領事ゴシケーヴィチ（リトアニア語読みだとゴシュケヴィチュス）が、実はベラルーシ生まれのリトアニア人だったという説もある。

将軍家の崩壊

徳川幕府はすでに諸外国と友好を結び、白人の助言を受け入れていくつかの変革をしていた。幕末には、将軍に派遣されてヨーロッパへ行き、白人の国の学術や工業や国家体制が日本よりも優れていることを自分の目で見てきた者も少なくなかった。そのため、下級武士たちは将軍を冷ややかに眺めていた。大名たちは、幕府の厳格さと税の重さにうんざりして反発していた。一方、天皇の名は神に与えられた政府として神聖なものであり続けていた。天皇のためなら民衆は喜んで自分の首を差し出しただろう。

一八五四（原文ママ）年、幕末の政界で権力を握ったいくつかの大名家は、将軍から権力を取り上げ再び天皇に権力を一任することで合意した。当然、天皇自身も賛成した。最も重要なことは、全国の大名ばかりか教育を受けたサムライと民衆自身が加わったことだ。

一八六七年（原文ママ）、天皇側と将軍家の支持者の間で戦いが起こった。天皇の軍は敵を打ち負かし、天皇は昔のように、日本民族の統治者である「神聖なる不可侵の天子」として再び表舞台に登場したのだった。

文中にある「将軍から権力を取り上げ再び天皇に権力を一任することで合意した」というのは、一八六六（慶応二）年に結ばれた薩長同盟のことを指すのだろう。

また、「天皇側と将軍家の支持者の間で戦いが起こった」としているのは、一八六八（慶応四）年に起きた鳥羽伏見の戦いや戊辰戦争のことをさしている。これらの戦いで徳川幕府約二六〇年の歴史は幕を閉じ、かわりに明治天皇をかつぎだした討幕派が、新政府の樹立を宣言した。

いったんコトが始まったらそのまま進まなければならない。まず何より、白人の優れている点を学ばなければならない。(新政府は) 欧米に負けぬよう富国強兵策を急いで導入しなければならなかった。例えば、日本人はみな、将軍の軍隊がヨーロッパ式に武装され訓練されて大変よく戦っていることをすでに知っていた。将軍からヨーロッパに派遣されて白人の学術や工業や国家体制を視察してきた者もいた。中でも、プロシアの「憲法」は皇帝の権力を制限し、貴族や富裕層に多くの権力を与えている点を日本の知識人は評価した。「憲法」とは、統治者 (王、皇帝など) と臣民との間に文書で交わされた契約書のことだ。

日本が強くなって、外国人の襲撃を撃退するには、すべてを急いで整えなければならなかった。天皇は今や、大部分の大名の言うなりとなり、自分の思い通りにすべてを行える「神聖なる」統治者ではなかった。反幕府側の大名が天皇を玉座に上げたのだから、言うことを聞かなければ引き下ろされるかもしれない。

変革が始まった

農民の心に祖国愛を燃やし、徴兵制に組み入れるために、明治政府は大名からすべての土地を買い取り、小作人たちに分け与えた（一八七二年・原文ママ）。こうして農奴制は廃止された。

政府の命令により、すべての信仰が同等になり、聖職者から土地が没収され、農民にも分け与えられた。キリスト教も再び許された。すべての日本人住民が法の下に平等とされ、身分は廃止された。

大名もサムライも平民もなくなり、「臣民」だけになった。軍隊と艦隊はヨーロッパ式になり、成人には徴兵の義務が生まれた。学校も裁判所も道路も国家体制も新たに整えられた。

カイリースの説明によると、明治維新の前と後の日本社会はまったく別物のように見えてしまう。言うまでもなく、日本の江戸期と明治期は武家から官僚へと為政者が変わったものの、天皇という中心軸が存続している。その意味では歴史の連続性の上に連なった改革と言えるだろう。

明治維新という革命が起きたことで、〝農奴制は廃止され〟封建社会が消滅したかのような印象があるのは、日本で起きた変革をひとつのケース・スタディとして、リトアニアの民衆に新しい時代への移行を強く訴えたかったからではないだろうか。

日本に起きた革命

カイリースはロシアで起こりつつある革命とほぼ同列の扱いで、日本の大政奉還（一八六七年）や明治政府による天皇親政体制、五箇条の御誓文などを伝えている。その説明はまるで西欧の革命劇のようで、なるほどこういう視点で眺めていたのかと、私たち日本人にとっても興味深い。この文章を読んだリトアニアの人々は、日本にも民衆革命が起きたと思ったに違いない。

日本を治めていた天皇は絶対的な権限を持ち、唯一無二の存在だった。天皇は自らの意思で権力の一部を譲ることができたし、いつでも与えた権限を取り戻すことができた。

日本の歴史においては、将軍が天皇を国政から完全に遠ざけ、京都の御所に閉じ込めていた時代があった。しかし、民衆にとっては、天皇が絶対であろうが将軍が天皇の地位を占めようが、生活はほとんど変わらなかった。どの政府も民衆から税金を取り立て、軍隊のために人を狩り、服従を要求したからだ。民衆の要望にはどの統治者も耳を貸さず、民衆の苦労には気を配らなかった。

だから、ついに破局が来たのだ。

日本民族がまだ少なく、緑の島々への渡来人であったときには、「神聖なる不可侵の帝」をあおぐ朝廷はそれなりにうまく機能していた。最高司令官として国民を従え、先住民族のアイヌとの戦いをうまく導き、打ち勝つことができた。

アイヌを撃退してからは人口がかなり増えたので、天皇一人で国事のすべてを把握することは無理になった。天皇を助けるために召集された重臣たちは、民衆の幸福よりも自分たちのことばかり考えていた。民衆は侮辱されたように感じ、そのような政府は自分たちに適さないと考えることが多くなった。

人口が増えるにつれ、支配者同士の争いが増えてきたので、人々の認識の中では、古い秩序を壊して民衆の代表に権力を与えるべきだという欲求がどんどん熟してきた。

一八六二年（原文ママ）、ムツヒト（睦仁）親王が日本の最後の将軍に対して立ち上がった。機は熟していた。支援した人々はついに将軍派に勝って、彼を王座につけた。しかし功労者たちはその代償として人々が国を支配することを許すよう要求した。天皇は合意するほかなかった。

即位後二年目に、天皇は国の重臣や官僚として、身分が高く経験豊富な人々を会議に召集し、その人々と国事について審議したいと知らせた。これは一八六八年のことであった。

一八六二（文久二）年は、いわゆる「公武合体」の象徴となる皇女和宮と第一四代将軍家茂の婚礼が執り行われた年。その五年後に孝明天皇の息子の睦仁（後の明治天皇）が一六歳で即位した。それから将軍慶喜から大政奉還の上奏があり、若き明治天皇は新しい時代のうねりに乗って、主役の座へと持ち上げられていった。大政奉還のおよそ二ヶ月後には王政復古の大号令を発し、一八六八年、新政府の樹立を宣言している。

天皇親政をかかげた明治政府は、西欧の列強に追いつくために、合議体制、古い体制の打破、富国強兵など改革の決心と新政府の方針を、天皇から世界に向けて発信してもらった。それが有名な「五箇条の御誓文」だ。神受権にもとづいた統治を続けてきた天皇が、初めて国民に向かって国政への参加を呼びかけた「五箇条の御誓文」には、民主主義の萌芽が見てとれる。

だが、天皇は自分のこの約束を急いで果たそうとはしなかった。人々の要求が無ければ、天皇は自分の言葉を忘れてしまっただろう。重臣の一人、イタチャキ（板垣）伯爵が文書で、人民に選ばれた代表者を国政に召集する必要があり、要するに日本人に憲法を与える必要がある旨を上申した。

政府は板垣伯爵の文書など受け取らなかったかのように沈黙していた。しかし、あまりにも長く沈黙していることは、もはや具合が悪かった。

物分りの良い男性たちが国中にどっと溢れ出て、天皇の会議には身分の高い経験豊富な人々だけを召集するのではなく、すべての成人の国民から選ばれた代表者も加えなければならないと公然と話し始めた。

このような話は人々の理解を集め、多くの賛同を得た。

明治政府のやりかたに不満を持った最初の人々は、「士族」である。彼らは各地で反乱や民権運動を起こし、それは一八七七年の西南戦争まで続いた。武力を使った元サムライたちの抗議活動は、やがて一般の市民や農民の気持ちも動かして、全国的な民権運動へと育っていった。

群衆が動き出した。民権運動の全国的な広がりに対して、政府は言論や集会の弾圧で対抗した。

不安に駆られた政府は、社会の要望に譲歩して一八七五年に県知事（総督にあたる）を召集した。しかし、民衆を鎮めることはできなかった。県知事は政府によって任命されていたので、民衆のことなどまったく考えていなかったのだ。

そうこうしているうちにも、政府に寄せられる様々な請願書、要求、脅迫は日に日に増えていくばかり。全国各地で人々が集会に行き、その地の県知事を非難した。新聞も同様に政府に対して断固として意見を書き立てた。

それに対して政府は、人々を鎮静化し強制的に沈黙させようとした。新聞に対しては、批判的な記事を一切禁じた。別の国家体制を要求するために集会を行った者たちを逮捕し投獄した。

維新の指導者たちは、天皇に対して憲法を要求する署名を全国で集め始めた。何万人もの署名が集められ、運動の主催者たちは東京へ出かけて血判書の束を添えて政府に渡した。

当時、政府は署名を受け取っても冷ややかな態度を変えず、憲法発布については約束すらしなかった。改革者たちは、憲法の獲得に関心のあるすべての人々を一つの政党に集中させた。このようにして、新しい政党が急に立ち上がった。政党を率いたのは板垣伯爵。人々の熱望を実現すべく、ますます果敢に政府にぶつかっていった。この政党に他のいくつかの政党も合流した。天皇はまだ様子をうかがっていたが、人々がますます激昂していくのを見て、ついに譲歩し、一八八九年二月十一日、日本人に憲法を与えた。

天皇の臣民は多くの権利を獲得した。その価値を理解するためには、革命前の日本が、今の我々と同様の状態にあったことを思い起こさなければならない。

日本でも権限を持った役人が、問答無用で一般人を逮捕したり、投獄したり、財産を奪ったりすることがしばしばあった。やりたい放題の政府を訴えることもできなかったし、口頭でも文書でも非難は不可能だった。自分たちの問題について話すために会議を開くこともできず、いつでもすぐに投獄された。人びとの間に平等はなかった。（もとの）大名とサムライにはほとんどの門戸が開かれ、どんな地位にもつくことができたが、民衆は自分の鋤と手仕事しか知らなかった。身分の違う者どうしの結婚も許されなかった。

現在、このような区別は法律上、廃止になった。もちろん、完全な平等にはほど遠いが……。身分の高い裕福な者は、平然と、大胆に、貧しい者を踏みにじっている。貧しい者は血と汗を流して努力しても到底高い地位にはつけない。

カイリースは、明治維新という政変と全国規模の自由民権運動とを経てようやく生まれた明治憲法を、感慨深げに記している。彼の説明によると「五箇条の御誓文」については、ロシアのロマノフ王朝が、革命前に国民にいくつかの自由を与えた詔書に見えてくるし、重臣の〝イタチャキ〟が一八七四（明治七）年に上奏した「民選議員設立建白書」は、人々をアジる革命文書のような扱いだ。

憲法制定までの舞台裏を革命前夜のように紹介する一方、帝国憲法の枠組を示した岩倉具視やドイツやアメリカに視察に出かけた伊藤博文、伊藤とともに草案を練った井上毅、伊東巳代治、金子堅太郎などの名前は残念ながら登場しない。

明治憲法誕生を、革命劇のようなストーリーに仕立てたのはリトアニアの民衆を啓蒙し、祖国の独立回復に向けて奮起するよう促しているからにほかならない。革命直前のロシアでこの本が書かれたことを思い起こすと、明治維新の紹介が政治的な意味を含んでいることが透けて見えてくる。

カイリースは日本の明治維新を「革命」ととらえ、そのビフォー&アフターを読者に印象深く伝えている。日本が近代国家に生まれ変わる前は、「今の我々と似たような状態であった」という解釈は、リトアニアの読者を奮起させるに充分だ。明治維新や帝国憲法が、どれほど多くの国民に権利をもたらしたかということこそ、カイリースが最も強調したいことだった。

実際には天皇の権限が強く、まだまだ限定的な自由であったが、明治憲法は確かに時代に新鮮な風を吹き込んだ。憲法が一体何だかわからない庶民もお祭り騒ぎで歓迎し、国民国家をそれぞれ自覚する異様な熱気が社会全体を包んだのである。

江戸時代から明治へと世が変わり、新政府が成し遂げた明治維新は、日本の大胆でスピーディーな変身ぶりによって、当初から世界の注目を集めていた。すでに、一八七一（明治四）年の時点で、アメリカの『ヘラルド』紙は、次のような記事を載せて、明治維新を賞賛している。

「この四年間の日本政体の変化は驚嘆すべきもので、こんな短期間に文明開化したことは、他の国の歴史では見たことがない。これは英国が四〇〇年間かかった開化にも匹敵するほどの偉業というべきだ」

奇跡が起きている

一八八〇年、天皇は十年後に日本に憲法を導入することを約束し、一八八九年、憲法は実際に公布された。一八九一年、初めての議会が召集された。

すべてが変わり急速に進行していた。あらゆることが成文化され、誰もが法律を守らなければならなかった。天皇の臣民は最下等の平民に至るまで、裁判所の命令がなければ不可侵であった。いかなる役人も、裁判所の指示がなければ逮捕したり捜索したり投獄したりできなかった。今やすべての住民は信仰の自由、言論の自由、集会の自由を手に入れた。

変革はおおむね支持されたようだ。大名は領地を失ったが、その代わりにかなりの金を受け取った。その上、天皇側についたほとんどの大名は新しい国家の要職を占めた。サムライは主人を失ったが、昔もらっていたパン（俸禄）の代わりに、国庫から年金を受け、社会に奉仕する公務員の仕事を得た。現在の日本の役人や将校のほとんどが元サムライである。

農民や職人や商人も変革の勝利者になり、人間と見なされている。貴族階級の権利にはほど遠いが、それでも自分のことは十分配慮できるようになった。彼らは祖国の自由な農民なのだ。神聖なる天皇は以前よりもますます尊敬を集め、幸せになった臣民を見て喜び、彼らに憲法を与えたことに満足している。

古い日本については、〝外国人の足がミカドの地に触れないように臆病者が守っている〟程度のことしか知られていなかったが、いまや古い日本は年々消え、リトアニアの小さな子供でも名前を知っているような、新しい有名な国が育っている。

天皇を、再び中心軸にすえた明治維新を、英語では Meiji Restoration と言う。「Restoration」とは「復古」のこと。それから約二十年後の一八八九（明治二十二）年に大日本国憲法が発布され、限られた人々（註・二十五歳以上の男子で税金の年額が十五円以上）とはいえ、選挙権も手にすることができた。そう、奇跡が起こったのである。

議会制導入のアイデアは幕末の頃からあったらしいが、上院は元の大名、下院はその家臣が占めるというサムライ本位の構想であった。しかし、板垣退助らによって「民選議員建白書」が政府に提出されて、納税者は選挙権があるという画期的な制度に生まれ変わった。

カイリースの本を読んだリトアニア人は、維新を率いた神聖なる天子、明治天皇は絶対君主だと思ったかもしれない。もしそうだとすれば、ドイツの憲法をお手本にして、ドイツの皇帝のように強いイメージを内外に演出した伊藤博文たちのもくろみは成功したことになる。だが、実際は、明治天皇は憲法でその権限を規制されている立憲君主であった。

彼ら（維新の三傑と言われる木戸孝允、西郷隆盛、大久保利通をはじめ、伊藤博文、西園寺公望、井上馨、山県有朋、松方正義、板垣退助など、のちに「元勲」と呼ばれた政治家たち）は、天皇の権威を後ろ盾にして、お雇い外国人を上手に使いこなして近代国家のかたちを築いていった。

もちろんカイリースは、この明治維新を欧米の革命とは別物だととらえていた。欧米の革命なら当然のように多くの血が流れ、革命が失敗に終われば、先頭に立って戦ってきた指導者までが告発され、追放されたり死罪となる。ところが日本では比較的流血も少なく済んだ上、逆賊と言われたサムライたちにも新政府の役職が用意された。このノーサイドの精神が、広く「国民」の意識を高め、一丸となって富国強兵にはげみ、近代的な世界戦争に臨めた原動力になったと、彼は評価している。

日本のことを知ると大変驚かされる。まるで何か未知の力がミカドの国で奇跡を起こしたかのように見える。三十年前には職人の工房ばかりだったところに、未知の力によって蒸気で動く巨大な工場が出現した。人力車は列車にとって代わられ、帆に風をはらんで走っていた昔の船は薪にされ燃やされるか、どこか辺鄙な港に打ち捨てられ腐ってしまった。その代わりに、大きな音を立てて海水を泡立てながら、世界の各地に船出する何百隻もの巨大な汽船が出現した。

今日、日本人は、すべて合わせれば四九万一千四百トンも積めるほどの商用船舶を持っている。これらの船舶は、アメリカへも、オーストラリアへも、ヨーロッパへも、アジアへも、すべての国へ行くことができる。深い海に囲まれた自然の良港にも恵まれている。このような国は内外の商品輸送に従事して、パンを食べていくべきだ。

以前は大多数の船長が外国人であったがほとんどは日本人に替わった。そのため、日本人船長の未熟さを非難されたり、濡れ衣を着せられることも少なくないが、日本人は気にも留めていない。

神奈川県浦賀沖に出現したアメリカの蒸気船を見て、日本人が腰を抜かすほど驚いたのは一八五三（嘉永六）年のことだった。幕府に判断力があったのは、ただちに長崎へ人材を派遣してオランダ人から航海術を習わせ、自分たちで操縦できる蒸気船を発注したことだ。

一八五五年に注文した船は、後に「咸臨丸」という名前がついて、一八六〇年、アメリカまで立派に航海をやってのけた。その後、明治時代になってからは三菱造船所で次々と船を造り、欧州航路に七〇〇〇トン級の船を定期運航するまでになった。日本郵船会社が所有する豪華客船「土佐丸」が、欧州へと最初の航海に出たのは一八九六（明治二十九）年三月のことだから、ペリー来航からたった四〇年くらいしか経っていない。こうした海運国ニッポンの躍進を、カイリースは以下のように驚きをもって描いている。

一八七五年、日本と外国との貿易総額は四千七百万円であった。一九〇一年にはすでに五億八百万円に上った。つまり、二十六年間で十一倍近くに増加したのだ。そのためヨーロッパとアメリカの商人の間では、今までの商業圏を日本人にとられてしまうのではないかという危惧も増している。また、日本人は最大のペテン師だと大げさに主張する報道が頻繁に見られるようになっている。だが、この手の報道のほとんどは、疑いなく西欧の商人の金によって買収され、競争相手を辱めるために世界中にばらまかれたものだ。

もちろんその中には真実も一部分あるだろう。今の時代、買い手をだますことはかえって割に合わないということを日本の商売人はまだ理解していない。しかし、日本は、ほどなく海運世界でも大胆に大洋を走るようになると私は信じている。

西欧の企業がマスコミを買収してヤラセ記事を配信しているとみるカイリース。こうした文章を読むと、アジアの新興国ニッポンに対する嫉妬と警戒心と敵愾心が、西欧諸国に渦巻いていたことがよくわかる。

極東のイギリス

日本では何千もの印刷所が毎日大量の新聞や雑誌を発行している。文書の助けによって数え切れないほどの人々の感情や考えが家から家へ、手から手へと渡る。紙に印刷された考えは、日本人の脳をとらえて離さない。日本の緑の植物が水気と日光をむさぼるように、小さくて黄色い機敏な人々は学問を吸収している。可能な限り国内のどこでも教育が受けられる。

ミカドの国に市や町や村の数だけある学校の建物はその美しさで際だっている。若者であふれ、学校の周りの人々に啓蒙の光を放っている。その光は電流のように目には見えないけれども、一人一人に浸透し、揺さぶり、この世の見方を変えている。

日本では、ヨーロッパやアメリカやアジアから外国人教師を招いている。教育を受けた人々の多くは、昔の美しいキモノの替わりに我々のように背広を着て、大きなムギワラ帽子をシルクハットに替え、ワラや木でできた履き物の替わりに革靴を履くようになった。そう、自分たちの外見すら変えてしまったのだ。

しかし、変化が最も激しいのは日本人の内面だろう。日本人は裁判所も法律も警察も国家体制も学校も軍隊も船も、要するに、生活のすべてを新たに作り直したのである。法律は徐々に古い慣習や感覚を変えてきている。身分も廃止された。以前は、大名とサムライと平民がピラミッド形に序列づけられていたが、今は一つの群集に崩れ落ち、混ざり合って、少なくとも法の下にはみんな平等になった。

こう書いた後にカイリースは、実際には、「人々は別の方法で振り分けられたまま」だと続ける。つまり、日本でも労働者と資本家、貧しい者と金持ちという対立したクラスが現れたと説明している。また、隣国からの襲撃に対して敏感になっている政府は、軍隊を増強しているとも伝えている。急ピッチで行われた軍備増強は、海外から疑いの目で見られていたが、日本政府は一貫して〝護国の用意にして戦うためにあらず〟という立場を主張した。しかし、カイリースは「そのため民衆はさらに多くの税金を払わなければならなくなっている。要するに、日本は西欧のようになってきている」のだと皮肉っている。

日本人を新しい道に急激に進ませた新しい力は、どこから生まれたのだろうか？一八七二年、初めての鉄道が首都東京から横浜までの三十三キロメートルを走った。それから三十年、一九〇一年には鉄道の全長が五千七百九十八キロメートルになり、約百八十倍に延びた。日本の鉄道の大部分は民間企業によって敷設され、一部が国営によるものだ。

日本の電信・電話網はよく整備され、料金も安いのでだれもが利用できる。ミカドの国の郵便・電信・電話はストライキもなく、休まず動いている。一八九三年に一人当たりが出した郵便物（手紙）は七、五件であったが、一九〇一年には十三件に達している。電信は、一八九三年には国民一人当たりの取り扱いが年平均十五件であったのが、一九〇一年には三十四件に達している。

一八六九年、まず横浜の裁判所と東京の税関の間に電信ケーブルがひかれて電話が開通、一八七三年には、北海道を除く全国の郵便網が整備され、一八七六年に逓信省が発足。また、一八七一年の末にはデンマーク国籍の大北電信会社（ＧＮＴＣ）が上海—長崎間、翌年にはウラジオストック—長崎間の海底電信線を敷設した。

明治時代の通信事業の発達は驚くべき速さで行われ、一八七八年には国内の電信局で国際電報を申し込めるまでになった。こうした技術の普及が、台湾出兵や日清戦争、日露戦争でも大きく功を奏した。一九〇四年、対馬沖海戦の直前に付近を哨戒していた「信濃丸」が、バルチック艦隊を発見して〝敵艦見ユ〟とすぐに報告。この打電が勝利に貢献したことはよく知られている。

日本の商業は工業とともに成長してきた。三十年前には、何千もの人々が働く大工場について日本人は知識すら持っていなかった。維新前は、小規模の手工業を営み、青銅や藁や木からものを作ったり、磁器や陶器の食器を作ったり、絹を織ったりしていた。どれも美しいのだが、職人の自宅で極めて簡単な道具で手作りされていた。工房と呼べる職場さえ、職人は数人から十数人規模であった。ミカドの臣民の大部分はつい最近まで必要な物をすべて家で作っていた。自給自足は維新後も続いていたので、国家にはしかるべき金があまり入ってこなかった。

ところがどうだろう、今日では蒸気機関による工場が二千三十以上もあり、五十万人の労働者が働いている。武器や機械を作る工場もあれば、造船所もあり、更紗や絹を織る工場もある。タバコ、紙、巻きタバコ、マッチ、陶器、その他様々な工場がある。炭鉱、銅山や鉄鉱山もある。工場の数は年々増加している。日本人は、外国から物品を買う必要性がどんどん減ってきて、逆に自分の製品を他の国に、特に中国に輸出している。

とはいっても、日本の工業にはまだ多くのものが不足している。工場を統率できる十分に熟練した技師や技手がいない。日本の労働者は、ヨーロッパやアメリカの労働者のように、機械を使った仕事に十分慣れるまでには至っていない。そのため、日本人の仕事はロシアほど生産性が高くない。

工場主にとって最も悩ましいのは女性の労働者だ。大部分は村から工場に出てきた娘たちだが、はした金を稼ぐとすぐに村に戻ってしまう。二年以上工場に留まる娘はまれで、ようやく仕事に慣れ始めたところでやめてしまう。日本では女性の労働賃金は男性の賃金の半分程度なのだ。

上に挙げたすべての理由から、ヨーロッパとアメリカの工場主は、日本が製造量でヨーロッパやアメリカを超えるのはまだまだ先のことだと予測している。彼らがほくそえむのは構わないが、それも長くは続かないだろう。日本人は、維新後三十年でこれだけ多くの新しいものをヨーロッパから取り入れて、使いこなしてきたのだからもはや後退することはない。そのうち高い能力を持つ熟練技師が現れ、労働者たちに資本家の命令に従うことを教え込むだろう。自分の金がなければ、別のところから低めの金利で借り、何百万円もの資金をかき集めるだろう。工業の発展を妨げる障害が取り除かれれば、百年もしないうちに日本は極東のイギリスとなり、工場の煙が天皇の臣民から明るい太陽を覆い隠すだろう。今はまだ群青色に波打ち、遠くまで広がる明るい海原も覆い隠してしまうことになるだろう。

目を見張る勢いで近代化を進める日本に対して、欧米各国は驚愕と脅威の感情を抱いていた。識者たちは、日本が短期間にヨーロッパ型近代社会に変身した謎を解こうと、あらゆる面から研究をして、早晩「日本は極東のイギリスとなる」と考えていたようだ。

カイリースは、日本が急速に力をつけた理由を次のように結論づけている。

一、西欧の科学技術をいちはやく取り入れて工業力を整備

二、向学心の強さと勤勉な国民性

彼はまた、工業発展と同時に現れる公害問題にも言及している。カイリースが、一〇〇年もしないうちに発生すると予言したニッポンの公害は、彼の日本論が出た約三〇年後の一九三七（昭和十二）年、まず群馬県の安中鉱山でカドミウム中毒として発覚。住民たちが立ちあがって初の公害訴訟となったのは、五四年後の一九六七（昭和四十二）年、三重県四日市の大気汚染が原因の集団訴訟だった。

社会主義的な考えが強かったとはいえ、彼は資本主義が暴走した場合の人間や自然への脅威を見据え、急速に進む工業化に警鐘を鳴らしている。

ところで、カイリースが天皇というシステムに興味を示したことにもう一度触れて

おきたい。

執筆当時の彼は、インテリ青年のご多分にもれず社会主義を信奉していたことは何度も述べた。それでも、日本の歴史を貫く万世一系の皇統と、長い伝統文化に裏打ちされた天皇という存在が国民をひとつに束ねていることに関心を示し、日本史の紹介では天皇を主役に描いている。天皇の威光がまざまざと国民の前に示された明治維新によって、天皇は国体の象徴となったが、明治憲法下の天皇機関説にみられるような統治の智慧に、カイリースは何か考えるところがあったのかもしれない。

ともかく、著者の天皇への興味は、第六章で紹介する明治憲法の記述にもしっかりと引き継がれている。

第五章　近代日本を観察する

少しで足りる国

この章では、日本人の家族関係、ライフスタイル、信仰心、文化などを中心に紹介する。

カイリースが特に称賛するのは子供への教育や勤勉さといった日本人の向上心である。反対に、改善すべきだと注文をつけているのは、日本の底辺に暮らす人々の処遇だ。庶民がいかに厳しい生活を強いられているかを詳細に報告している点は、当時、社会主義に大きな影響を受けていた若き日のカイリースらしい。しかし、封建ロシアの底辺層と同列に日本の農民や労働者を論じているため、やや違和感がある。

日本人は何でも少ししか必要としない。食べる量も少ないし、家屋はごく簡素なものだ。家の四隅に立てられた四本の柱の上と下が梁で結びつけられている。その梁に縦の溝が作られ、その溝に枠がはめられている。枠には紙が一面に貼られていて、必要な時に左右に開けたり閉めたりできる。この枠が壁の代わりになっている。屋根は、端のところが折り曲げられているワラか、石で焼かれたレンガ（註・瓦のこと）でふいてある。これが家のすべてだ。

窓は無いし、その必要も無い。明かりが欲しい時や何か外を見たい時は、壁（註・障子のこと）を簡単に動かすことができる。

カイリースは、ヨーロッパ人がこれまでに書いた見聞記を参考にして想像の翼を広げ、街角を歩いて一般庶民の家の中をのぞいたように話を続ける。

江戸末期から明治初期の日本を見聞したヨーロッパ人が書いた文章には「障子」や「雨戸」の説明が必ずと言ってよいほど登場する。たとえば、オーストリア・ハンガリー帝国の外交官を辞して世界一周旅行の途中、一八七一（明治四）年に日本へ立ち寄ったアレクサンダー・ヒューブナー男爵は、日本人の家屋を細かく観察して、どのように雨戸が閉まるのか、部屋と部屋との仕切りはどのような仕掛けになっているのかなどを書き残した。彼によれば、雨戸は「溝の上を動く板戸」であり、障子は「小さな正方形の白紙を貼った枠」ということになる。この日本独特の自在な間仕切りは、一九三三年に来日してその後日本美の再発見に貢献したドイツの建築家ブルーノ・タウト（一八八〇～一九三八）によっても絶賛されている。

家のほぼ真ん中には炭が入った漆塗りの箱（註・火鉢）がある。炭に火をつければ、暖まることもできるし、湯を沸かしたり、食事を作ったりもできる。

日本の家屋には椅子も机も無い。日本人は地べたに直接敷いてある軟らかいワラの敷物の上に膝を折り曲げて座ることに慣れている。そのため、家具も必要無く、すべて床の上に置くことができる。

日本人は食器も少ししか使わない。お茶を飲むための小さな陶器のカップ、「サケ」という名の米からつくられたウォッカを飲むカップとフォーク代わりの木製漆塗りの2本の棒、お茶を温めるためのやかん、小さいキセル。これが食器のすべてだ。

ベッドは使わない。床の上にワラのカーペットを敷けばこと足りる。その上に木製のあるモノを置く。そこには首を支えるための穴がくりぬかれ、紙がかぶせられている。それだけだ。この枕に慣れていないと当然首が疲れてしまうが、おかげで髪が乱れない。きれいに髪を整えることが好きな日本人女性にとっては、軟らかい枕よりもずっと大切なものなのだ。

カイリースが説明している「木製のモノ」＝枕は、大正時代の中頃まで使われていた「箱枕」のこと。鎌倉時代に、男女の髪型の崩れを防ぐために考案された枕で、もともとは中を空洞にしてあった。だが、髪型のさらなる変形とともに進化し、江戸から明治頃の箱枕は、台形の台座に細い小枕をのせて固定し、その上に枕当て紙をしいて使った。特に芸者たちは念入りに結った髪が乱れないよう、横向きに寝て小さな枕にほおを載せて寝たのだから、熟睡などできなかったのではないだろうか。

明治に入ってザンギリ頭や洋髪が流行し始めると、台座をとって、小枕だけを重ねて包んだ「坊主枕」と言われる現在のものに近いスタイルに変わってきた。

カイリースは、実際よりも旧式な箱枕について述べているわけで、彼が参考にした資料か、イラストレーションがそうなっていたのかもしれない。西洋の枕は、どの国でもだいたいが大きなクッションのようなもの。それに比べて日本はデザインや素材にバリエーションがあるので、日本へ来たことのないカイリースは、想像力を最大限に発揮して説明しなければならなかった。

日本人は自分の家をとても清潔に保っている。町でも村でもほうきと雑巾は休む暇が無い。いつでも誰かがほうきを握って家のまわりを掃いている。だから、どこもかしこもピカピカだ。それに日本人は家畜を飼っていないから、糞も落ちていないし悪臭も無い。

人々も清潔だ。ほとんどの家には風呂があり、ほぼ毎日入浴する。風呂が無ければ公衆浴場に行く。浴場に行くのは日本人にとって特別な楽しみだ。そこではあらゆる噂を知ることができるし、知り合いと話もできる。以前は男女がいっしょに体を洗っていたが、新時代の到来で混浴は禁止になってしまった。

当時の西洋人が異口同音に褒めそやす日本人の習慣が、清潔さを保つ清掃と入浴だ。カイリースもご覧のように日本人の清潔好きをとりあげている。リトアニアは北欧各国やロシアと同様、サウナ（蒸気浴）が中心だったから、珍しい東洋の習慣として公衆浴場を紹介したのだろう。なお、カイリースは日本人の清潔好きを称賛しただけあって、後年、カウナス市の上下水道施設の設計に力を注ぎ、市民に清潔な都市環境と水道水を与える事業に貢献した。

結婚は親が決める

年老いて額にしわをよせる日本人は少ない。日本人は、子供が親を愛し尊敬するようにしつけ、両親が年老いたら扶養するように教え込む。日本人は決して子供をぶったりせず、めったに子供を叱らず、子供を大人同様に扱い、劇場にも教会にも集会にも浴場にも宴会にも、どこにでも連れて行く。日本にいるような、まるまる太って陽気な子供たちは、世界中探してもどこにもいないだろう。

この国では、成人した子供が両親に報いることはあたりまえとされている。だから、日本人はみな、子供が生まれるかどうか案じている。もし妻が息子を産まなかったら、男性は二人目の妻を娶るか、養子をとることができる。

家族の中では父親が最も偉い。父親の言うことには家族全員が従う。父親は子供を担保にして借金したりする。貧窮した家庭ともなれば、娘を売春宿に送り込んだりもする。

日本女性の立場はおしなべて哀れなものだ。家族の中で一番早く起き、一番遅く床につき、一日中家事をしている。女性はどんな年齢になっても男性の言いなりにならなければならない。子供時代は父親の言うことを、嫁いだら夫の言うことを、未亡人になったら息子の言うことを聞かなければならない。

女性にとっての美徳は、夫が妾宅へ通っている時でも自分の夫を献身的に愛することだ。姦通した男性のことは誰も咎めないが、女性の身持ちが悪い場合には、夫が妻を追い出し離縁する。

若い女性は、自分で夫を選べるわけではなく、両親が娘の代わりに決める。新郎新婦を結婚させるのは司祭ではなく両親なので、結婚してから性格の不一致などが分かれば、両親は簡単に離縁させる。そのため、日本ではリトアニアに比べて不幸で和合していない夫婦がはるかに少ない。

確かに明治時代までは、儒教の教えにのっとった家族の戒律によって女性たちに自由はほとんどなかったが、冒頭の「年老いて額にしわをよせる日本人は少ない」で始まる説明を、現代の私たちは大きな溜め息とともに読まずにはいられない。

政治家で教育者でもあった森有礼（一八四七～一八八九）の紹介で来日した商法の

教授の父と、一八七三年から一八八四年まで日本で過ごしたアメリカ人女性クララ・ホイットニーの日記には、日本の上流家庭の男女が決して同じ会話に加わらないことや対等に生活を楽しまない様子が、驚きのもとに記されている。

とは言っても、明治中期の新聞を見ると世の中に新潮流が起こっていたことがわかる。「近頃の若夫婦はふたりでいっしょに食事を楽しみ、静養や旅行も夫婦一緒に出かける」という新風俗を紹介しているかと思えば、風呂の順番をくつがえしたり家風に従わない西洋化した女性について嘆いてみせ、大和撫子を懐かしむ投書を載せている。

明治以前の日本の学校（註・寺子屋のこと）を訪れた多くのヨーロッパ人は、次のような光景を目にしている。〝ワラの敷物が敷かれた部屋に元気で栄養の行き届いた子供たちが何列かに並んで、膝を折り曲げて座っている。一人ひとりの前には教科書とインクと毛でできた細いペンが置かれている〟。

子供たちはそれぞれ互いに、大声で一生懸命学んだことを復唱するのでかなり騒々しい。ある子はたった今読み方を覚えたものを筆で紙に書いている。落ち着きのない子は自分に課されたものを覚えるだけでなく、隣の子の教科書に頭を突っ込み、どのように問題を解くのか覗き込んでいる。子供たちは互いに自由に話し、説明しあい、すぐ目の前に年配の教師が立っていることなどまるで忘れているようだ。

鞭かそれに似たようなモノは、教師の手にもないし壁にもかかっていない。教師は落ち着きがあり優しい。西洋では生徒を怒鳴りつけるのが当たり前だが、日本人の教師は大声を出しさえしない。度を越す大騒ぎが起こった時にだけ、手で両耳をふさぎ、顔をしかめてみせる。叫び声で耳が聞こえなくなりそうだと子供たちに示すだけで十分なのだ。すると生徒たちは静かになり、先生を煩わさないよう気を遣う。教師は勉強面でも子供たちに無理強いせず、課題をこなせない生徒だけを手助けしている。

カイリースが描く寺子屋の生徒たちは一見勝手なことをしているようだけれど、ちゃんと教師や他の生徒の存在を意識しあっている。しかも、教育現場は学ぶ側と教える側の熱意があふれ、互いの信頼関係で結ばれていた。他者との関係が築けてこそ、個性も育ち、自我の確立もできる。第二次大戦後の日本の教育は、アメリカからの受け売りの「個性」を強調しすぎたせいか、自分をコントロールして秩序を重んじたりする、他人との協調性が失われてしまった。もしカイリースが、現代ニッポンの教育現場を見学したら、どのように記述するのだろうか?

イジャナギとイジャナミ

最も古く、最も広まっている宗教は神道である。

神道によると、この世の始まりは澄んだ空気に溢れた空だけがあった。その空気の中から三人の神(名前は長く発音が難しいので言及しない)が生まれた。そのあと次々に神様が現れて全部で十二人になった。最後に現れたイジャナギとイジャナミ(原文ママ・イザナギとイザナミのこと)が、世界を創造し、数多くの様々な魂を創り出した。その後、天から地上の大洋に降り立ち、日本を創り出し、そこに住むすべてのものも創り出した。

すべての神の中で最高神は、太陽神の天照(アマテラス)である。この女神が最初の天皇を生んだ。そこから現在のムツヒト天皇まで、すべて一貫した皇統で連なっている。したがって、天皇が「天子」と呼ばれるのも理由が無いわけではないのだ。

世界の秩序を作り、治めているのは精霊である。それぞれの精霊は役割を持っている。精霊は森にも山にも田畑にも空気にも地中深くにも溢れるほどいる。自然の一つ一つの現象は、精霊の活動や感情や欲求を示している。

すべての精霊をここであげつらうことは不可能だ。おめでたい存在で力強い精霊だけにしておこう。

エビス（恵比寿）神は、毎日の糧の神様だ。長寿で頭のはげあがったシュロ（寿老人）は忍耐力の神。ふくよかな体に長靴をはき、米俵の上に座っているダイコク（大黒）神は財力の神である。ダイコクは手に宝石の入った巾着と、山を掘り起こすための鍬を持っている。

質素な服を着た中年のホテイ（布袋）神もいる。彼は必要最低限のものが入った布袋を持っているだけだが、目元がやさしくとてもおだやかで幸せそうな顔をしている。まるで日本人そのものに見える。

これらのおめでたい善の神は七人いて、みな陽気で笑うことが好きで、勤勉な人間を応援してくれる。このような神々とのつきあいは楽しいので、日本人は神に対して卑屈にならず、遠慮せずにつきあうことができる。

善き神様のほかに、多少の悪さをする精霊もいる。山の中で道に迷った旅人を脅したり、子供や女たちを怖がらせたりするが、どれもたいしたやつではない。

日本では、どこにでも土地の神がいて、人々が訪れる価値のある何かしら特別の社寺がある。社寺を訪れれば、きれいな森も海も山も見られ、要するに手のひら一杯に自然の美を掬うことができる。

最初にカイリースが三人の神について記し、「名前は長句発音が難しいので言及しない」と、わざわざ断っているのは、どうやら高天原（たかまがはら）から生まれた「別天津神」（コトアマツノカミ）のうちの三柱の神のことらしい。すなわち、天之御中主神（アメノミナカヌシノカミ）、神産巣日神（カミムスヒノカミ）、高御産巣日神（タカミムスヒノカミ）だ。確かに名前が長く、私たち日本人でも発音が難しい。

読者の皆さんには、まえがきでご紹介したリトアニアの原始宗教ロムヴァのことをここで思い出していただきたい。

ロムヴァの考えでは、精霊が自然界のあちこちに存在している。カイリースにもこの伝統的な考えは多少なりとも宿っていただろうから、自然信仰から生まれた日本の神話に関心があったと思われる。さらに、インドのヒンズー教が由来の「大黒」、「弁財」、「毘沙門」、中国の仏教が由来の「布袋」、道教からきた「福禄寿」、「寿老人」、日本の民間信仰からきている「恵比寿」と、国際的な神さまの寄り合い所帯である七福神を紹介している。七福神が、おめでたい善を象徴する神様だとし、人々が楽しく神々とつきあっていること、八百万の神を信じていること、リトアニア同様に精霊がたくさん棲んでいることを強調したかったように思われる。

神道は、神への道を見つけるために人々にどのように生き、何をすることを命じているのだろうか?

神道の下で生きるのは非常に楽である。道を見つけるためには、幸せで、汚れていない心を持てばいい。何をするのが良くて何をしてはいけないかは、各人の良心が告げてくれる。

ただ良心が、生活の埃で汚れないようにしなければならない。良心を清めるためには、神々と頻繁に話さなければならない。神社は至るところにあるので、信者は容易に行くことができる。神社へ行くとまず、光沢のあるブリキでできた鏡の前に立つ。信者が鏡に映った自分を見るように、神々ははっきりと信者の心を見ている。また、鏡で自分自身を見ることによって、自分の過ちに気づき、過ちを正して、より良い精神にするよう努力するのだ。

信者は神々に呼びかけて、心が一新されるよう求める。信者は、思い思いに自分の言葉で精神的なことについて祈っている。俗世間の苦労については神にぐちらず、自分の力で取り組むのだ。

死後、人間はどうなるのか、神道は何も確たることは語っていないし、信者もそれを知ろうと努めたりしない。ただ言われているのは、亡くなった親族の魂は自分の家や田畑から去らずそのまわりを飛びまわって、良い行いを祈り、悪い行いをいさめ、生きている者が亡くなった者のことを忘れぬよう、愛するように求める。

日本人の家には小さな祭壇があり、そこには米粒とサカキと飲み物がまつられている。これは死者の魂を元気づけるためである。

日本の神道に関するカイリースの捉え方は、私がヴィルニュスでロムヴァの祭司から聞いた話とどこかで重なる。日本人は精霊たちと気楽に、ごく日常的につきあっている、とカイリースは読者に語り、日本への親近感を引き出している。

少し話はそれるが、リトアニアの伝統的な多神教の要素が入った十字架のデザインは、古くからの土着信仰とキリスト教が合体して生まれたものだから、十字のまわりに月、太陽、雷、蛇などのイコンをデザインした装飾を取りつけたり、三角屋根の聖堂をつけたり、伝説の英雄の人形をつけたりとユニークで、フォークロアの力強さにあふれている。三角屋根のついた聖堂は、死者の魂がこの世に戻ってきたとき、住まいに困らぬようにするためだと聞くと、ああ、そうかと納得してしまう。そのことは第一章ですでに触れた。

不幸が起こった時も、日本人は神のところへ走って助けを乞うようなことはなく、自分の力で不幸を取り除くよう努力する。子供が生まれる時にも、妻を娶る時も、亡くなった人を埋葬する時も、日本人は信仰にすがらない。自分たちで命名し、自分たちで結婚し、埋葬する。日本人はこの世に生きている間に、来世のために富を集めることなどほとんど気にかけていない。この世で立派にきちんと日々を過ごすことに気を配るだけで十分なのだ。

神という絶対的な存在が、生から死まで人生のすべてを支配するキリスト教の国から見ると、宗教と距離を置いて生活しても何の不便も感じない日本人が、カイリースの日本論には描かれている。

ブッダと孔子

日本にはブッダの教えに追随する者も多い。ブッダとは紀元前七世紀、インドに生まれた王子だ。彼は幸せな宮殿での生活から抜けだし、この世の無常を見た。人びとが際限なく苦しむのは欲深いからであり、人間は自分の欲望を抑えなければならない。同じように苦しむ生きとし生けるものに慈悲深くなければならない、善良な心を持ち、殺生をせず、嘘をつかず、姦通せず、貧しい者に施し、弱い者や病人を助け、この世の快楽を放棄する。そうすれば、人は少しずつ幸せに近づいていくことができる。人の魂は長い年月を経て別の生き物へと転生する。すべての俗世の欲望や欲求から逃れ、痛みも熱望もないところで永久の平穏と静けさに溶けこむことが完全な幸福で、これがニルヴァーナ（註・心の安らぎ。涅槃）に達した状態である。

ブッダと名付けられた王子はもちろん死んだ。しかしその教えは数千年も続いていて何億もの人が受けいれてきた。

日本では六世紀にブッダの教えが広まったがすぐに変化してしまった。陽気な日本人は俗世の快楽を放棄するつもりはなかったし、愛する祖国を忘れるつもりもなかった。

日本にやってきた僧侶たちは、日本人の見解や気質に合わせてその教えを変えるか、来た道を引き返すか、そのどちらかしかなかった。僧侶たちは引き返さず、二つの信仰を寄せ集め、仏教と神道の神々は同じだと吹聴した。ブッダの魂に天照大神をはじめ、神道の神々が宿ったのだ。

教えがこのように修正されると、新しいブッダの教えは日出ずる国に急速に広まった。この教えを天皇も受け入れ、民衆も受け入れた。何はともあれ、現在の日本にはブッダの像がどこにでもある。

Buddos stovyla.
Tikėjimas Konfucijaus ir krikščionybės prasiplatinimas.
欧米人にも知れ渡っていた鎌倉の大仏

カイリースはさらに日本人の信仰として神道と仏教のほかに儒教を取り上げる。めんめんと受け継がれてきた道徳の規範が、「天皇の臣民」というナショナル・アイデンティティーを生み、それが原動力となって日露戦争を戦えたとカイリースは分析する。そして、国民をたばねるものは制度や政治ばかりでなく、信仰であり言語であり文化だと、読者に訴える。

神道と仏教以外に、日本人には昔から第三の信仰がある。それは思想家で道徳家の孔子の教えである。孔子は、世界がどのようにしてできてきたか、その終わりとはどのようなものになるのかについては、何も言及していない。また同様に、死後人々に何が起こるのかも述べていない。人がこの世でどう生きていくべきか示しているだけだ。

人はあらゆる思考と熱望をもって、天を、全世界を満たしている高度に完成された神の心を目指さなければならない。そこに到達できるのは、真理とは何かを理解し、真理を愛するものだけである。真理を理解するためには、いかなる悪い嗜好や欲望にも汚されていない清い心を持たなければならない。そのためには一人一人が俗世の汚れから自分の身を洗い、良くならなければならない。人は誠実で、公平で、聡明で、親切で、清い心を持つべきである。子供は親を敬愛し、弟は兄を、妻は夫を、すべての人々は政府を敬愛すべきである。

孔子の教えは日本でかなり古くから広められ、特に貴族、知識人、役人に好まれていた。民衆にはあまり行き届かず、他の信仰と混同されることが多かった。純粋な孔子の教えは庶民には分かりにくかった。

孔子の教えと神道は、それぞれの政府に服従すること、特にミカドの命令に服従することを日本人に教え込んだ。神道は天皇を「神聖なる者」として尊敬するよう命じ、孔子は「天に達している天皇に従うよう」命じている。日本人は今でも、統治者が死を命じたら喜んで従うだろう。戦争中、この服従は一度ならずとも奇跡を起こすのに役立った。

日本人とキリスト教

次にカイリースは、日本におけるキリスト教布教の歴史を説明する。

宗教的感情について言えば、日本人は、カトリック教司祭がかつて行っていたように、異教徒を火あぶりにしたり拷問にかけたりするほどエキセントリックにならなかった。さまざまな信仰は、あらゆる道をたどってニッポンにたどり着き、自由に布教することができた。ひどい目にあった宣教師がいたら、それは、日本人が異教を我慢できなかったからではなく、おそらく宣教師たちのやりかたが日本人を苛立たせたのだろう。実際、宣教師たちは日本人の慣習を乱し、自分の国の商人の利益を図ったり、自分たちではした金を集めまわったりした。

十六世紀頃の日本政府は、信仰の自由に賛同していた。仏教や神道の聖職者たちが将軍のところへ参上して、キリスト教の布教を禁じるように請願した時、将軍は尋ねた。

「今、日本にはいくつぐらい宗教が入っているのか？」

「三十五ほどでございます」

聖職者が答えると、その将軍は次のように言った。

「三十六番目の信仰が見つかったからといって、そんなに悪いことではなかろう。キリスト教徒に日本の法律を守らせるようにすればいい」

この言葉からも分かるように、日本人は信仰や神を選べる状態にあったのだ。

キリスト教の布教を認めた将軍とは織田信長（一五三四〜一五八二）のことだ。信長は一五八一（天正九）年にローマ教皇から派遣された日本巡察使のヴァリニャーノと何度も面会、その後も宣教師のルイス・フロイスらを通じて世界の動向を学んだ。

あの有名な天正遣欧少年使節団をスペイン、ポルトガル、ヴァチカンへ送り出したのも信長だった。

織田信長がどのようにキリスト教を捉えていたのか……それははっきり言ってよくわからない。後世に残る記録はほとんどがイエズス会所属の宣教師がヴァチカンに送りつけた書簡の類いで、信長の本心に迫るものとも思えない。ただ、革新的な考えを持ち、現実主義の信長が、キリスト教の弊害よりも宣教師を通じて得る知識や南蛮貿易などの実利面を重視したことは想像に難くない。

続く豊臣秀吉の時代、宣教師の布教は禁止となったが庶民のキリシタン信仰までは当初弾圧しなかったので、カイリースの言う信仰の自由はまだあった。厳しくキリスト教の禁制へと動いたのは一六一六年に禁令を出した二代将軍、徳川秀忠の時代からである。

日本にはキリスト教信者もいることに触れておかなければならない。初めてカトリック宣教師が日本に来たのは一五四九年のことで、今日、キリスト教徒は全国にいる。

日本人は、カトリック、プロテスタント、ロシア正教、バプティスト、アナバプティスト〈註・アナバプティスト〈再洗礼派〉宗教改革時代に分かれたキリスト教の一派〉、英国国教などから少しずつ教義を取り入れてきた。

しかしそれでも、あまり広まっているとは言えない。宣教師たちは四世紀半も迷える子羊をつかまえようとしていながら、四千七百万の人口のうち、二十万人足らずしか捉まえていないのだ。洗礼を受けた者が本物の献身的なキリスト教徒であり続けるならまだ良いが、実際には、キリストの教えが身についたと思われていたのに、キリストの「羊小屋」から自分たちの古い神々へと、振り向きもせず大挙して逃げ出すことが一度ならず起こったし、今も起こっている。

宣教師が怠けていたとは言わない。彼らは福音の種を蒔いた。心の救いのために、敢えて日本人に嘘さえついた。例えば、初期の頃のカトリック伝道者は、自分たちは僧侶だと言い、仏教の僧侶の衣服を着ることさえした。日本人が恐れないよう、キリスト自身をブッダと呼んだりもした。

日本人は実際のところ、キリスト教も仏教の一つの宗派だと考えていた。しかし、宣教師たちが多くの村人に洗礼を施し、教会を建て、その影響力が強大になったと自負して日本古来の神々をないがしろにし始めると、日本人は抵抗し、宣教師を追い返した。

その後の宣教師たちは、さまざまの贈り物や日本人に有益な活動を用意して、日本人の関心を惹きつけざるを得なくなった。例えば、日本人に必要な英語を教えるのがうまいプロテスタント宣教師は、信仰の基礎についてはあまり語ることなく、多くの信者を惹きつけた。とはいっても、宣教師が訪れる三ヶ月間だけキリスト教徒で、残りの九ヶ月は仏教か神道の信者であるという日本人はざらにいる。

カイリースは、ヨーロッパの宣教師たちの活動報告書や見聞記のたぐいをロシア語やポーランド語、英語などで読んで、布教があまり成功していないとの感想をもったようだ。キリスト教の伝道者に辛口なのは、中世のリトアニアに攻め入ったドイツ騎士団や十字軍が行った殺害や掠奪やエセ宣教師の話が、リトアニアでは何世紀も語り継がれていたせいだろうと思いたくもなる。なにしろリトアニアは、独自の宗教（多神教）を他のヨーロッパ諸国よりもずっと維持し続け、農民層までにカトリックが浸透したのは、十六世紀になってからではないかと言われているくらいだ。「日本では、宣教師が訪れる三ヶ月間だけキリスト教徒で、残りの九ヶ月は仏教か神道の信者である」というくだりは、遠い昔、リトアニアでも起きていたことではないだろうか。

日本でキリスト教布教を妨げる二つの理由がある。一つは、日本人が自分の両親と国家を敬うことが身についていることだ。自分より目上の者の名誉を誰かが汚したり侮辱した場合には、死をもって復讐しなければならなかったし、実際にそのようにしてきた。一方、キリスト教は敵に慈悲深く従順であるべきだとして、ただ来世のことを考えるよう命じている。陽気で実利的な日本人にはまったく受け入れられないことである。

二つ目に、日本人には宣教師自身が奇異に見えるらしい。彼らは異教徒に近親者への愛を教えに来たと言っているが、実際には違うことを行っている。なるほど、皆、キリストの名を呼んではいるが、お互いに相手を嫌悪している。プロテスタントはカトリックと争い、カトリックはロシア正教と争っていて、それぞれが自分の信仰だけを褒め、他のすべての信仰を非難する。日本人は、ご存じのとおり劇場に通うのが大好きなので、けんかについて話を聞くのは好きだ。しかし、どれかの信仰に味方するのであれば、それは心からの改宗ではなくむしろ利益のためである。

「宗教なんてお茶のようなもの」

結局、日本人にとっての宗教とは何か？　カイリースが引用する福沢諭吉の言葉は、なかなか含蓄があって興味深い。

ここでもう一度、日本人は信心深くない、ということを思い起こしたい。彼らは死後どうなるかということをあまり気にかけない。それよりも日本人の頭の中にあるのは「この世の空しさ」であり、どの信仰を受け入れるかも自分にとって有益であるかどうかを考えた時だけである。

この比喩として、天皇の臣民の多くは、有名な日本人福沢諭吉の言葉を繰り返すことだろう。

「私にとってキリスト教、神道、仏教と名づけられた信仰の間には、緑茶か紅茶か程度の差しかない。人がどんなお茶を飲むかはまったく重要ではない。重要なのは、その価値を知るまで心ゆくまで飲み、そのお茶を飲んだことのない人にも語ることができるようにすることだ。信仰についても同様で、司祭はお茶の売り手のようなもの。しかし、彼らは間違ったことをしていると思う。自分の商品が自分に多くの利益をもたらすからという理由だけで他の商品を非難している。彼らがしなければならない唯一のことは、商品の質を維持し、それをできるだけ安い値段で売りさばくことだ」

福沢諭吉のこの有名な持論は、一八九七（明治三十）年に『時事新報』紙面に発表された「宗教は茶の如し」という一文の冒頭に出てくる。カイリースが執筆にとりかかるわずか八年前に日本の新聞に掲載された福沢の論文を、すでにこうやって自分の著書に引用していることに驚く。

福沢の宗教観を語った論文は、ほかにも「宗教は経世の要具なり」、「宗教論に付外国人の誤解」などがあり、それらを読むと、「宗教は社会の安寧維持のために」必要なものと初めに断っている。ただ、いかにも実学の大家らしく、仏教だろうがキリスト教だろうが、自分にとっては紅茶と緑茶の違いほどにしか思わないと見解を述べた上で、現在の宗教、特に仏教の自堕落ぶりを諫めている。特に「宗教は茶の如し」の一文では、あたりまえのように肉食妻帯し、妾をかこったり花街に出入りする僧侶、浮き世の名利を得ようとする僧侶に手厳しい。

福沢は、若い頃神様のお札を踏んだらどうなるのか知りたくて踏んでみたというエピソードがあるように、プラグマティズムが身についていた。したがって、世の中の無神論者たちに〝茶の味〟をしっかり教えるために、今で言うマーケティングをしっかりやって無宗教の人びとのこころをつかみ、売り物の宗教を納得して購入してもらうよう、宗教家たちを皮肉っている。

教育先進国のヤポーニア

明治以前の「寺子屋」の光景については先に触れたが、カイリースはさらに、明治以降の日本の優れた教育制度についても分析している。

通常、子供たちには読み書きと算数と道徳の基礎が教えられているが、最も難しいのは読むことだ。日本人が使う文字は中国から取り入れたもので、一万もの種類があり、その一つ一つが何らかの意味を持つ。本を読むためには少なくとも三千の漢字を覚えていなければならない。この難しさにもかかわらず、日本の村には昔から、神聖な本や歴史や伝説、古い歌を読める人がいた。政府から派遣してもらわなくても、ほとんどすべての村に先生がいたのだ。

「ほとんどすべての村に先生がいた」

カイリースが感嘆しながらこう紹介しているのは、彼が子供時代だった十九世紀の末のリトアニアは宗主国の帝政ロシアの方針により、教育の機会は限られていた。リトアニア語は農民が喋る言葉としておとしめられ、ロシア語の同化政策がとられていた。それでもリトアニア語でひそかに教育を行う活動は続けられ、農村の子供たちは算術や読み書きはかろうじて習う機会を得ていた。中世のリトアニア大公国は、リトアニア語のほかポーランド語やラテン語も大学で盛んに教えられたというのに……。

こうした状況の中で育ったカイリースは、日本の教育レベルの高さに注目した。帝政ロシアの封建社会とは比べものにならぬほど日本は教育が行きわたり国民の知的レベルは高かったのは、地方のすみずみにも漢学者や士族階級の教養ある人材が大勢いて、私塾を開いていたからである。江戸時代の庶民の子供たちが通った寺子屋も私塾だった。いわゆる読み、書き、そろばんを教え、そのほとんどはボランティアによって運営されていた。

江戸時代中期から末期にかけての寺子屋への就学率は約八〇パーセントにも及び、国民の非識字率はイギリスやフランスよりも低かったというデータがあるほど、日本は世界一教育熱心な国だった。その背景に何があったかといえば、長い間続いた平和な社会と市場経済の発展だ。庶民のふところに余裕が生まれ、学問を身につけてよりよい生活をしようという向上心が広がっていたのだ。

江戸時代からの教育の基盤があったからこそ、明治時代になると、驚くべきスピードで尋常小学校が普及し、義務教育の充実がはかれたのである。

現在の日本の学校は、天皇の国のすべてのモノやコトと同じように、新たに作り変えられた。まず初めに、五十音（アルファベット）自体が簡素化された。現在のカタカナと呼ばれるものはリトアニア文字のようなもので、四十九の記号からできている。

つい最近、政府は、六歳から十歳までのすべての子供が初等教育を受けることを義務づける法律を発した。

この法律を施行するために、数多くの尋常小学校が設立された。その数は年々増えている。一八九三年には二万三千五百校であったが、一八九七年には二万六千校になり、一九〇一年には二万八千校になった。

尋常小に通う生徒数も一八九三年に男女合わせて三百三十万人だったが、一九〇一年には五百五十万人が通うようになった。つまり一九〇一年には就学年齢の児童百人につき、男子は九十四人、女子は八十一人が学校に通っていた。この情況からみると、日本人のほぼすべての児童が学校に通うようになるまで、長くはかからないだろう。

カイリースが細かに述べている就学児童の総数は、文部科学省のデータとほぼ近い。日清戦争（一八九四〜一八九五）から日露戦争が起こった一九〇四年にかけて子供たちの就学率はどんどんあがっていく。カイリースが説明している「六歳から十歳の子供」対象の義務教育制度は、一九〇〇（明治三十三）年に改訂された小学校令によって、一九〇七（明治四十）年から六年間に延長された。当時の尋常小学校は、生活に役立つ知識や実学に力を入れて教えていたが、一年か二年で退学していく貧しい家の子供は少なくなかった。長野県が今でも〝教育県〟として誉れ高いのは、明治の頃から尋常小学校の卒業率が高かったこととも関係している。

初等教育には下級と上級の二段階ある。法律で義務づけられているのは下級段階だけで、そこで子供たちに読み書き、算数、道徳と体育を教える。上級段階の学習内容は、リトアニアの学校と同じでかなり幅広いものだが、授業料が高いので誰でも入れるわけではない。この学校の就学年齢は十歳から十四歳である。

教師を養成するために日本政府は師範学校を設立した。一九〇一年には四十九の学校を開設し、男女あわせて一万三千人ほどが学んでいる。ちなみに、一九〇一年に日本全国の小学校で子供を教えていた教師の総数は、すでに十一万人にものぼっている。

上級の初等学校を終えると中等学校に入学することができる。そこではリトアニアのギムナジウム（註・ドイツ語の Gymnasium。ヨーロッパで広く使われている中等教育機関の総称）とほとんど同じような内容を五年間で修める。一九〇〇年にはすでに約二百の中等学校に、七万人以上の生徒が通っていた。

国立の教育機関は、大学とさまざまの工科大学だけである。その大学校だが、現在は二校あり、約三千二百人の学生が在籍している。さらに日本には約三百のさまざまな職業学校があって、約四万五千人の生徒が通っている。彼らは学校を卒業すると商人や技手や技師、農学者や船員などになる。

この国に必要で有益なすべてのことを、欧米からいちどきには取り入れられなかったので、若者たちを外国に送り出している。今では、欧米のほとんどすべての有名な学校に、日本からの留学生が数人ずつ在籍している。

義務教育が定着すると同時に、日本の教育システムは尋常小学校（四年）、高等小学校（二年）、中学校、高等女学校、各種実業学校、高等学校、師範学校、専門学校、大学と着実に体系化されていった。明治政府は内地だけでなく、新しく領土にした台湾でも本格的な初等教育を始めたが、なんとそれは領台一年後の一八九六（明治二十九）年。欧米の植民地では考えられぬほど早期の実施であった。

実学好きの日本人

そもそも、学問の有用性をこんなに深く感じることのできる民族は世界でも珍しく、科学の発明をこんなに速くうまく取り入れて、生活に適用できた国民は他にいない。日本人が西欧と肩を並べることができるようになったとしたら、それは日本人が神聖なる天皇の熱望を叶えようと急いだからであろう。天皇は一八七二年に国民の教育に関する勅令を発する際、次のように述べた。

「朕は、朕の国家に文盲の家庭が一世帯も無く、また家庭には教育を受けていない者が一人もいないようになることを望む」

学校を終えても日本人は、あらゆる機会を利用して知識を補充している。人々は飲酒に耽ったり無駄に時間を過ごすよりも、読書をする。日本には聖人の生涯や教えが書かれた古い本や、日本の歴史や地理の知識を与える本があり、日本人はいつでも何か読むことを厭わない。病気の治し方、家や橋の建て方など、技術的な仕事の進め方などの助言が書かれた本もある。その昔、実際にあった出来事、空想話についての美しい描写もある。

最後に、数多くの和歌が書かれた厚い本を挙げておく。和歌は、日本人が精神的な財産として長きにわたり教え続け、手本にして残してきたものである。

日本人はまた、白人が書いた文書で良いもの、きれいなものを見つけると、すぐに自分たちの言語に翻訳し、知識を得るよう努めている。学者、詩人、作家は日々の重要な出来事を書き留め、国民は、読書を通じて著者の考えを分かち合っている。

日本には新聞もある。

一八六三年に『バタビヤ・ニュース』（新聞名）という、新聞の第一号が発行された。もっとも購読者数はわずか数十人であったが……。だが、今日の日本では、約千五百の新聞が発行されていて、何百万もの人々が読むか、少なくとも人づてで記事の内容を知っている。社会の最下層にいる車夫でさえ、食費を数円削ってでも何かしらの本や新聞を買って、客がいないときには読んでいる。彼らが血の滲むような苦労をして稼いだ金は無駄にはなるまい。

カイリースがここで紹介する天皇のお言葉「「朕は、朕の国家に文盲の家庭が一世帯も無く、また家庭には教育を受けていない者が一人もいないようになることを望む」の出典は、『学事奨励に関する被仰出書（おおせいだされしょ）』（太政官布告第2140号）の中にある「必ず邑に不学の戸無く、家に不学の人なからしめん」からとったものと思われる。

明治天皇は教育改革にあたり各地を視察。国民教育の根本について積極的な発言を行い、「えぞの奥みなみの島の果てまでも　おひしげらせよわがおしへ草」という歌も詠んでいる。

『バタビヤ・ニュース』とは、一八六二年に発行開始した『官板バタビヤ新聞』のこと。日本人が日本語で編集した最初の新聞と言われるが、バタビヤという名前の通り、ジャワのバタビヤ政庁の官報紙を幕府のオランダ学者が翻訳した国際ニュースで、半紙に書いて回し読みをした。その後木版印刷となって、二三号まで発行された。読者はエリート階級のサムライ学者、長崎などで外国人と接触のあった商人に限られ、庶民とは何の関係もない新聞ではあった。新聞が庶民の手に届くのは、明治時代になってからだ。

日本には学術、政治、芸術の団体が数多くある。各都市には劇場があり、観客であふれている。人々は、昔の先祖が美しく生き、義のために逍遥として死んでいく話を好んでいる（現在でも作品の多くは過去の出来事を扱っている）。日本の都市では歩くごとに清潔できれいに飾りつけをしたお茶屋に出会うだろう。そこでは、噺家が面白い話を語ったり、奇妙な音楽を伴奏に、芸者が歌いながら踊ったりする。

日本人は自分の祖国の美しい自然を限りなく愛し、自然を愛でることを忘れない。最も貧しい労働者ですら、休日になればすぐに蒸し暑い工場から外へ急いで逃げ出し、澄んだ空気を吸い、太陽の光に感謝し、森の緑に喜び、あらゆる方向に広がる雄大な海がもたらす自由な気分を満喫している。

このような傾向は、日本人の知的欲求が幅広いことを示している。しかし、誇張しないためにも、それが精神的に深いものではない、と申し上げなくてはならない。学術的研究において日本人は、今のところ欧米人に及ばないだけでなく、最も近しい親戚である中国人にも及ばない。日本人は、人類に新しい宗教を広めたり、非常に重要な発明をしたり、深遠な思想に溢れた文書を未来の時代に残すような賢人を、まだ一人として生み出していない。

日本人は子供のように常に陽気で、今日のためだけに生きているようにみえる。そのせいか、来世に配慮する宗教は、日本人に人気がない。国家が採用している神道は、死後にどんな世界があるかをまったく説明していないが、日本人はそれが最も気に入っているらしい。日本人が手に入れた精神的財産の大半は、信仰から実用科学に至るまで、自ら見つけたわけではなく隣人から借りたものである。昔は中国人から、今は白人から借りている。

プラグマティズムの能力に長けた日本人は多くの優れた資質や才能をもっているとしながらも、「人類に新しい宗教を広めたり、非常に重要な発明をしたり、深遠な思想に溢れた文書を未来の時代に残すような賢人を、まだ一人として生み出していない」とのカイリースの分析は、なかなか興味深い。深い思索や世界を俯瞰する知識を必要とする哲学や思想の分野に、日本人がまだ参入していないという指摘は、西欧の賢人らと肩を並べる舞台がまだ整っていなかったということか。

ただ和歌や俳句だけは自分たちで作り、日常生活に溶け込んでいる。

日本人は感じ方が繊細で表面的で、子供のように忘れやすい。すべての日本人に認められるたった一つの深い感情は、祖国に対する熱い愛である。そのためであれば日本人は自分の命さえも惜しまない。

日本人が外国から知能ではなく記憶力によって取り入れたものは、うまく自分のものにしている。日本人は技師、農業技師、官僚、商人としては優秀だ。すばらしく発達している記憶力が仕事を楽にしている。

ただ、記憶力が発達しすぎて、日本人の精神の別の力や才能を抑え、日本人の能力を一方向だけに曲げてしまっているかもしれない。日本人の記憶力が発達している最大の理由は、少なくとも三千の漢字を頭に入れておかなければ読めないような文字体系を、長い年月にわたって使用しているためであろう。ヨーロッパ人の脳はそんなにたくさんのことがらを飲み込むことはできない。

将来的に見れば、日本人の精神的発展は別の方向に向かい始めると予測できる。

日本の和歌や俳句は二十世紀になるとリトアニアにも紹介されて、詩人たちに大きな影響を与えた。彼らは和歌の季節感や情緒を創作に取り入れる試みをしている。その一例として、一九一八年に〝短い叙情詩・ウトス〟として発表された詩人ピンキスの作品を紹介しよう。ウトスとは日本語のウタ（歌）の複数形にあたる。

Žibuoklių kvapas ore plauko,
Nors pievoj jų ir nematyti.
Naktis nusviro jau ant lauko,
Žibuoklių kvapas ore plauko.
Naktis tylioji žino daug ko,
Bet ko negali pasakyti.
Žibuoklių kvapas ore plauko,
Nors pievoj jų ir nematyti.

スミレ
誰知るや
夜のしじまの
もの思い

野辺のかしこに
咲き匂う闇
（日本語訳　ガビヤ・チュプリョニーテ）

日本人は残酷だったか

今まで日本人の良い特徴を見てきたので、良くない面も触れておかなければならない。

日本人は性格的に残酷すぎるところがある。少なくとも以前はそうであった。子供や妻に対して、父親や夫の権力はあまりにも大きい。古い日本の法律がはっきりと証明している。

現在は比較的人道的な法律に替えられたが、それもつい二十五年前（一八八〇）のことであり、人々の記憶や慣習から旧態依然とした社会はまだ消えていない。

以前の法律は、人を殺すことも禁じていなかった。日本人は長い年月の間、死に報いるには死をもって、としてきたので、殺された者の子供か近親者には仇討ちが許されていた。死に値したのは姦通罪、冒瀆罪、天皇不敬罪、天皇暗殺謀議であった。罪人はさまざまな方法で死刑に処された。絞殺された者もいれば、自分で自分の内臓を出すよう（註・切腹のこと）命じられた者もいる。十字架に磔にされたり、釜茹でにされたり、牛を使って八つ裂きにされたり、焚刑に処された者もいた。木の鋸で死罪に処された者には最も恐ろしい死が待っていた。罪人が座っている檻が広場に置かれ、そのそばに木の鋸が置かれる。通行人がその鋸を罪人の首に当てて引く権利を持っていた。二日経ってもこの不幸な罪人がまだ生きていたら、殺された。

父親は、子供を罰する際に死なせたとしても何の咎めもなかった。故意に子供をあやめた場合でも、竹の棒で何度か打たれるだけだった。婚約した娘が他の男と婚前交渉をもっていたことが分かった場合には、自分の娘を殺す権利さえあった。誘惑した男をその場で捕まえた場合には殺すことも許されていた。また、父親は子供を売りさばいたり、担保に入れて金を借りることもできた。

一方、子供は、両親を敬愛し扶養するよう法律で決められていた。この法律に従わなければ、竹の棒で百回も打たれた。

借金をして返せなくなった者は、奴隷として売られた。

日本人は慣習を犯す者にこのように対応してきた。以前の法の裁きはあまりにも血生臭く厳格であった。人の命があまりにも軽んじられ、人間性の弱さを認めなかった。しかし、そうした法の裁きもすでに無い。現在の日本の法律は、文明の進んだヨーロッパやアメリカの一部の国々の法律よりも人道的である。もし日本人がいつの日か、有益なものを提供してくれたとヨーロッパに感謝しようと思い立ったら、最初に法律についてお礼を述べなければならないだろう。法律作成に関して、ヨーロッパ最高の専門家と学者が智慧を貸したのである。

カイリースが指摘する日本人の残酷性は、猟奇的な死罪から社会の底辺で暮らす者たちへのむごい仕打ち、封建的な家族制度までいろいろだ。彼があげ連ねている数々の例は、どれも人権の尊重を無視しているような罰や習慣だ。興味深いのは、江戸時代の農民たちの描写がロシアの農奴制を下敷きにしていることである。ロシアに組み込まれたリトアニアの農奴制の実情を祖父や父から聞いていたせいか、日本の弱者の描写もどことなく自国の貧しい人々と重なった記述になっている。

ところで「鋸挽き」（ノコギリ挽き）は、中世から近世にかけて中国やヨーロッパの一部の国でも行われていたようだ。日本では、家来や召使いが主人に相当する立場の人間を殺した場合に限って執行された。仇討ちのために遺族は竹製の鋸で罪人の首を挽く権利が与えられたのだ。この刑を執行された罪人の中には、一五七〇（元亀元）年に火縄銃を使って織田信長の暗殺を企てた杉谷善住坊がいる。彼は捕らえられた後に岐阜城に連行されて刑死した。

江戸時代になると鋸は見せしめの小道具となって脇に添えるだけとなり、実際には使われなかった。ノコギリ挽きの刑は、残酷さを理由に一八六八（明治元年）に廃止された。

工業国への道

日本人は街に密集して住んでいる。リトアニアでは一平方キロメートルあたり、平均約百八十人住んでいるが、日本では同じ面積に平均約三百六十人、場所によっては約九百人以上も住んでいる。

これほど人口が多いのに、つい最近まで日本人は自給自足でこと足りていた。日本の国土の五分の四は森や山地で占められていて、残りの五分の一しか耕作地に向いていないことを思うと、驚くべきことである。さらにつけ加えれば、土壌自体、たいして肥沃ではない。それなのに、何とよく使い尽くされていることだろう！

日本では大規模な農場はほとんど見あたらない。平均面積は一ヘクタールにもならず、二〜三ヘクタールも所有していれば、地主と見なされる。

このように農地が狭いので、日本人は馬も鋤も使わない。家族や雇い人といっしょに自分で鍬を使って土を掘り返し、手でならし、それから種を蒔く。穀物が育つと、丹念に草取りをしたり、掘り耕したり、土をほぐしたりする。そのために、農地のあちこちにあぜ道が作られている。土地の生産性は高いものの、耕作道具は簡単なものばかりだ。その最大の理由は農場の狭さにある。田畑に鋤を使えるところがほとんど無いのだ。そのため、日本では家畜も非常に少ない。四千七百万人の住民に対し、百五十万の有角家畜とほぼ同数の馬しかいない。十五人に家畜一頭の割合だ。

「つい最近まで日本人は自給自足でこと足りていた」と、カイリースは説明をしているが、明治時代に入ると日本の人口は右肩上がりに増えていく。カイリースがこの本を発表した一九〇六年の総人口は約四七〇三万八〇〇〇人（総務省統計局調べ）になっていたため、主食の米は一部ビルマ（ミャンマー）、シャム（タイ）、アンナン

（ヴェトナム）など東南アジアから輸入してまかなっていた。そのほか、小麦粉、大豆、大麦なども輸入。すでに完全な自給自足のバランスは崩れていた。

牧畜の奨励も行われたが、長らく家畜の肉を食べることを禁じていたため、肉食はなかなか定着しなかった。また外国から種牛を輸入してみたものの、多くは使役牛だった。カイリースは有角家畜数一五〇万頭と書いているが、この頭数は何を参考にしたのか不明だ。


最近、日本人は、堆肥の代用品を使用するようになった。

日本の田畑で最も多く植えられているのは米であり、次に小麦、大麦、ライ麦。エンドウ豆やジャガイモもある。最近日本人は果樹栽培を始め、例えばオレンジをアメリカやロシアに輸出している。その上、日本人は昔から桑を育て美しい絹を織っている。また、日本では古くから茶の木が育っている。茶は注意深く作られ、国内消費だけでなく、外国にも輸出されている。要するに、今の日本では、多くの耕地がすでに使用済みでほんのわずかの空間しかない。だから、断崖に果物の木が植えられたりしている。

農家の経営は大変で、借金に追われているところも多い。国の統計によると、農家総数は現在五百五十万世帯。そのうち三百万世帯は自分の土地を耕しているが、二百五十万世帯は、貧窮した農家から農地を買い占めた金持ちから土地を借りている。小作人の数は年々増加している。リトアニアやロシア同様に、地主の手から土地が流出し、農家の手に入り、農家の間で分配されている。しかし、土地の区画が狭すぎるし、税金の負担が大きすぎるので土地は抵当に入り、裕福な商人や工場主のような都会人に売られ、農民は小作人として残るか、都市に移って工場で仕事を探すかになってしまう。

日本の農業についての話を終えるに当たり、誰がどのように農業で食べているか見なければならない。

華族は自分たちで働くことはまず無く、リトアニアの貴族同様に、凶作にため息をついて愚痴を言うが、それでもたらふく食って暮らしている。貧窮した農家の土地を買い占めた金持ちはさらにうまくやっている。

農民自身の生活は少し異なる。地主は可もなく不可もなくやっている。仕事は多いが、それでも十分に食べられる。しかし、零細農家は貧乏で生活は惨めである。清潔だけれども簡素な家に住み、出来の良い穀物は売り、残りの質の劣る穀物を食べている。彼らの農地は小さすぎるので家族を養っていけない。

最もひどい生活をしているのは村の労働者である。劣悪な状況の中で、一年中働きづめで休日は数日間しかない。労働者の中には女性もいる。女性の給料は男性の半分なのでさらに貧窮している。

このあたりの記述は、社会主義者としてつねに民衆の側に立ってものを考えていたカイリースらしい。一八八七（明治二十）年から一九〇七（明治四十）年の二〇年間は、日本の商工業がすさまじい勢いで発展した時期だった。商品経済が急激に農村へ侵入して、今までの生活ががらりと変わった。政府の富国強兵と殖産政策に農民たちは疲弊して右往左往。畑や田んぼを追われて工場へ出稼ぎに出る者が急速に増えた。カイリースは日本の農民が苦しい中でも生産性をあげ、必死に生活をしている様子を紹介しながら、日本の農業はうまく機械化を進め、効率よく作物を生産する必要があると忠告している。しかし、それでも狭い国土で多くの人口を養うことは困難で、貧富の差もますます開いているため、農民たちはつい朝鮮や満州など、隣の芝生が青く見えてしまう。そして風の便りに聞こえてくる移住者の成功談を簡単に信じ込んでしまう。国土の狭さと人口の多さが日本の海外膨張政策につながっていることを、カイリースは記している。

最近、日本の都市に工場が建ち始めたので、村人は都市部に出たがる。しかし、彼らが工場で救いを見つけることができるかどうかは疑問だ。
生活に困った人びとが村から工場へ行ったとしても、彼らが土地を見捨てたわけではない。ただ、あまりにも悲惨な状態のために土地から離れざるをえない。土地を失うと、地主も小作人も、自分の土地がいつも夢に出てくると嘆く。土地が狭いために、遠い国々のおとぎ話を夢中になって聞き入るようになる。実際、毎年数万の日本人世帯が朝鮮や満州やシベリアにまで移住し、商売や手工業や農業を営んでいるのだ。

当時二十代だったカイリースは、同世代の若者同様に社会主義に心酔し、革命の意気に燃えていた。そのため、以下の記述は社会の平等や人権を第一に考え、日本の底辺にいる人びとに強い同情を寄せて資本家や貴族を糾弾している。「憧れの国」「目指すべき国」ニッポンであっても、労働者は虐げられている。若きカイリースが、この本を単なる「日本紹介本」ではなく、圧政に苦しむリトアニア人たちを啓蒙する書にしたかったという意図が強くみられる。

日本の工業発展について語る際に、工場労働者の状態を抜きにしてはすべてを語ったことにはならない。

工場労働者への払いは非常に悪い。ここに一九〇一年にある種の労働者の日当がいくら支払われていたか挙げる。

屋根葺き職人……………四十八カペイカ
煉瓦工…………………五十六カペイカ
大工……………………四十五カペイカ
木靴職人………………三十八カペイカ
裁縫師…………………三十七カペイカ
鍛冶屋…………………四十八カペイカ
田畑労働者　男性……三十カペイカ
田畑労働者　女性……十九カペイカ
織工　男性……………二十七カペイカ
織工　女性……………十九カペイカ

＊註。「カペイカ」は、ロシアの通貨単位「コペイカ」のリトアニア語読み。当時の一円＝九十八コペイカ。

これは平均賃金であり、この額よりかなり低い額が払われることはしばしばあり、このような賃金で一日十五〜十七時間も働かなければならなかった。

日本における平均的な労働時間は十二〜十四時間であり、男性も女性も子供も同様である。最も搾取されるのは女性と子供だ。彼らの賃金は男性の二分の一か三分の一にも届かない。例えば、織物工場では、女性には一日あたり十四カペイカしか払われず、十カペイカのことすらあり、子供には五〜六カペイカしか払われない。工場主は寮を建てて、そこに住まわせ食事を与えている。しかし食事代として一日に八カペイカずつ差し引かれる。このようにして、一週間の労働に対して純粋な稼ぎは十四カペイカしか残らないという者が多い。

工場自体も環境が悪いことが多い。蒸し暑く埃だらけで、夏などは耐え難いほど暑く、時には三十五度を超える。交代で昼も夜も働き、休みなどほとんどない。何人ものアメリカ人が日本の工場を訪れ、工場で働くよりも刑務所にいた方がずっとましだと述べている。多くの労働者が三十歳にもならないうちにこのような灼熱地獄で死んでいくのも驚くことではない。

さらにひどいことは、女性や子供の労働者の方が男性より多い工場があるということだ。日本では織工の総数七万五千人のうち、五万四千人が女性、一万六千人が男性で、五千人が子供である。多くの女性が絹を織っている。炭鉱で働いている女性もいる。また、六歳から十二歳の子供が何万人もマッチ工場などで働き、十二時間の労働に対して七〜十五カペイカもらっている。例えば大阪では、五万八千人の全労働者のうち、十四歳に満たない子供が一万三千人もいる。

工場労働者は劣悪な環境にあるが、それよりも悪いのは自宅で内職をしている人びとだ。報酬はさらに少ないし、長く働かなければならない。零細農家は、これ以上自分の土地を細かく分けることができないので、子供が少し大きくなるとみな都市に送り出す。鉄道や蒸気船などを製造する大企業が競争社会に負けた人々を大工場に吸収している。

それでも、腹を空かせた労働者があまりにも多く、職を見つけられない者もいる。労働者を締めつけようとする風潮は、一層ひどくなりそうである。プロレタリアートが国政から除外されているだけでは十分ではないらしい。他の身分の者には結社の自由が許されているにもかかわらず、労働者は工場主から組合を結成することを禁じられている。

とはいえ、あまり効力はないだろうが労働者を守る法律案がようやく作成されたところである。

商人や工場主に手厚い庇護をふんだんに与えている政府が労働者の運命に気を配ることなど、今まではまったくなかったし、金持ちの不当な仕打ちから子供や女性だけでも守れる法律を一つたりとも発していなかった。

労働者は、自分の状態を改善するためには戦って勝ち取らなければならないことを理解している。数年前から一部の工場や鉄道で労働者が団結し始め、時が経つにつれ、その組合の数は増加している。組合同士は連携し、今日その大多数は、社会主義を借用した労働党のもとに集まっている。

現在、労働党の党員はすでに数万人いる。彼らはまず工場主に対して、次に政府に対して抵抗し、自らの権利を守るために勇敢に戦いを挑んでいる。ストライキを起こすことによって、労働賃金が十年前の二倍になるほど、工場主からはすでに多くを勝ち得た。政府に対しては、富裕者と同様に国政に参加できるよう要求している。

現在、国事を審議し議決している人々は、天皇に任命されたか、裕福な国民だけによって選ばれた人々、つまり華族階級である。彼らの代表者だけが国を治めている間は、金持ちだけが甘い汁に溢れたテーブルに座ることを、労働者は良く分かっている。労働者の代表が議会に参加したら、華族階級に少し脇へどいてもらい、貧しい人々の労働によって生み出された富を選挙人に利用させてほしいと頼むはずだ。男女、貧富の別なく、すべての成人が議会への代表者を選ぶ権利を、労働者たちが要求しているのはなぜなのか、これで理解できるだろう。ここに彼らの救いがあるからだ。なんといっても彼らは大多数だから、戦いに出て勝つであろう。この戦いは金持ちよりも貧困者の中に多くの勇気と機敏さと団結を見出すことになる。

十七世紀以来、多くの西洋人の旅行記によって紹介されてきた日本（ヤポーニア）といえば、エキゾチックな面ばかりが強調され、微笑みを絶やさない人々が住む神秘の国として語り継がれていた。だから、近代日本の労働者（プロレタリアート）が、帝政ロシアの圧政のもとで虐《しいた》げられている自分たちとさほど変わらないという紹介文は、カイリース自身にとってもリトアニアの読者にとっても、衝撃的だっただろう。

カイリースは、各国の社会主義運動家の出版物や日本へ行った経験のある旅行家のピウスツキらから情報を得て、ルポ風に日本の労働者たちの姿を伝えている。読者に日本のことを話しながら自分たちの置かれた状況を重ね合わせ、祖国の覚醒、奮起を促すのが目的だったように思う。若さと社会正義的正義にあふれたカイリースの、真骨頂が出ている一文である。

ところで、同時代の日本の社会主義者たちは一九〇四（明治三十七）年に週刊『平民新聞』を創刊して、自由、平等、博愛、平和主義にのっとった論戦をはっていたが、カイリースが彼らの運動を知っていたか、接点をもっていたかは不明である。

第七章でも少し触れるが、カイリースは後年、欧州型社会主義をかかげて政治の世界でしばらく活動した。しかし、共和国大統領を務めた高校の同期生、アンタナス・スメトナとの意見の違いから表舞台をしりぞくことになる。なおスメトナは、一九四一年にアメリカへ亡命。一九四四年不慮の事故死をとげた。

第六章　我々も革命を欲す

カイリースが見た明治憲法

一九一八年二月十六日、リトアニアは一時的ではあったものの国家を再建。一九二二年に公布した憲法は、カイリースも草案づくりに関わっている。彼は、著書の中で明治憲法の評価すべき点と改良すべき点を熱く語っていることから、多少の影響は受けたかも知れない。

明治維新後、短期間のうちに封建社会から近代的国民国家を形成した日本の様子を、驚きと憧憬の視点から、あるいは社会主義者としての視点から注視したカイリース。第二章で紹介したように、彼の著作の第三巻『日本人の憲法』には、大日本帝国憲法（明治憲法）の成立と天皇の関係、議会の姿も描かれている。維新という政変だけでなく、憲法や議会が成立した時点で初めて「革命」は成立し、ようやく理想の国家建設に乗り出せると考えていたようだ。

なお、大日本帝国憲法が発布された一八八九（明治二十二）年は、カイリースがパランガの中学校へ入学した年でもあり、ちょうど政治や世界情勢に関心を持ち始めたときでもあった。

日本がなしえた明治維新は、カイリースらの胸にくすぶる独立の望みに火をつけた。

欽定憲法の上、天皇の大権が強すぎる明治憲法は、そのままお手本にはできないが、明治維新からわずか二十三年という早い時期に、世界に通用する憲法を持つまでになった日本の改革推進の勢いに、カイリースは感嘆してそこから学ぼうと思ったことは確かだ。そのため、第三巻の多くのページを割いて明治憲法を紹介している。特に、立憲君主制のもと、内閣制度や二院制を創設した近代国家日本は、自分たちが目指す将来の国づくりの参考になるとしている。

カイリースはあくまで、国民の代表機関である国会が決める民定憲法を目指していたので、明治憲法には、天皇の大権や選挙制度、貴族議員の優遇など、まだまだ改良点があり、日本国民が真の意味で憲法の主役になるには、憲法を改正しなければだめだと述べている。

彼はそこまで知らなかったようだが、実はあの時代に自由民権運動の一環として多くの私擬憲法が考案された。お上にまかせることなく、自分たちの憲法を作ろうという気運が高まったのである。その中には婦人参政権や言論の自由や国民主権を掲げた民主的、進歩的なものがいくつもあった。それらの精神は戦後の日本国憲法に受け継がれたと言ってもよい。カイリースは、やがてリトアニア共和国の憲法案を起草する作業に加わったが、ニッポン論を書くときに熟読し研究した明治憲法が、多少なりとも参考になったのではないだろうか。

以下、カイリースが記した大日本帝国憲法の一部を少し長くなるが紹介する。

■天皇の地位

憲法とは、分かりやすく言えば、王と国民、両者の間に交わされた契約である。王は自ら進んで、あるいは否応無しに、権力の一部を人々に譲り渡し、すべての契約を紙の上に記す。その契約は、人々が新しい契約を君主に要求して新しい憲法を作成するまで、国の法律であり続ける。新憲法が制定された時には、古い憲法は当然効力を失う。

このような契約が、一八八九年に明治天皇と政府高官によってなされた。両者は、制定後、ただちに憲法を施行すると宣誓した。

日本の憲法は「神聖なる天子」にどのような権利を残したのだろうか。

第一章、天皇の項では次のように述べている。

○日本は永久に天皇が統治する。

天皇が崩御したら、特定の法律に従って定められた後継者に皇位を継承する。

○天皇は神聖であり、不可侵である。

○天皇は国家元首である。

○国家においては、最高権力は天皇に属する。つまり天皇は憲法の規定に従って人々を統治する（自らの意志に従っているわけではない）。

○天皇は、議会（国民の代表の会議）によって承諾を受けた法律を発布する。

○天皇は、天皇と議会によって承諾を受けた法律を公布し、国民に執行を命じる。

○天皇は国民の代表を会議に召集する。

○天皇は軍隊及び艦隊の最高司令官である。

日本の憲法はこれだけの権利を王＝天皇に残した。一人に与えられた権限としては多すぎるかもしれない。しかし、天皇自身はおそらく異なる考えを持っていただろう。憲法ができる以前、天皇はなんでもできたのだから。今やその権力は限定され、憲法が許していることしかできないのだ。

■日本国民の義務と権利

憲法は神聖なる天皇をいくらか束縛したが、日本国民により多くの自由とより多くの権利を与えた。

○日本国民なら誰でも、法律を犯してさえいなければ、取るに足らない役人から首相まで、国家のどの地位にでも就ける。

○日本国民は平等で、いかなる特別扱いも無く、兵役義務を果たさなければならない。

○日本国民は法律の定めるところに従い税金を納めなければならない。

○日本国民は自由に、誰でも好きなところに居住できる。

○日本国民は、法律によって要求されている場合にのみ、逮捕、監禁され、裁判所で審理され、処罰されうる。

○日本国民は、裁判所で正義を求める権利がある。

○誰であっても、日本国民の家に許可無く侵入して捜索してはならない。

○誰であっても日本国民の信書を隠蔽したり、読んだりしてはならない。
○日本国民の所有権は侵されてはならない。
○日本国民には信仰の自由がある。ただし、その信仰が国の法律に背くものであってはならない。
○日本国民には言論の自由がある。集会や結社も自由に行える。

■日本の議会

日本国民は法律を執行するだけでなく、自ら法律を発し自分たちの国を治めている。議会の助けを借りて国政が行われている。その議会は衆議院と貴族院の二つから成っている。

衆議院は日本国民により選ばれ、任期は四年である。衆議院の全議員数は三百七十人で、大多数の議員が天皇自身によって任命され、一部は国民によって選ばれる。貴族院は三百人である。どちらも全部男性だ。両院の議員とも年間八百円の俸給を受けている。両院は共に開会し、共に閉会する。

○国の法律は、両院の承諾が無ければ、一つとして施行されない。両院とも賛成した場合にのみ、法案は法律となる。
○両院は新しい法案を提出したり、古い法律の改正を要求する権利を有する。国民に新たに税金を課したり、現行の税額を変更できるのは両院の承諾を得た場合のみである。
○政府は、両院の許可無しに、国の名義で新たな借款を得てはならない。
○政府は毎年事前に、国民からいくら税金を徴収するか、何に使うのか、予算案を提出しなければならない。その予算案は両院の承認を得なければならない。
○両院の議員は、政府を恐れることなく働き、すべてのことについて話し合うことができる。憲法の規定は天皇からも官僚からも議員をよく守っている。
○議会が天皇と合意に達しない場合には、衆議院は解散され、その代わりに新しい議員が選挙される。両院の議員は不可侵である。
○議会での議員の発言あるいは投票については、両院以外の何人も議員を告発したり罰したりすることはできない。政府に悪意を持つ敵であっても、議会で大胆に正しく、政権の不適切な仕事を非難できるようにするためである。
○議員は一人たりとも、議院の許諾無しに逮捕されたり投獄されたりしてはならない。

○すべての議事は過半数の票で決められる。過半数の議員が賛成した議案が採択される。但し、憲法を改正する場合には、各院の総議員数の三分の二以上の出席が必要である。
○議会は誰でも見学できる。

この後も、明治憲法を紹介する文章が延々と続く。ロシア帝国に牛耳られていたリトアニアからみれば、憲法の制定は輝く存在であり、日本は学ぶべき近代国家だったのである。
ただ、選挙権、被選挙権をめぐっては、日本にもまだ、納税額や性別による制限があることを挙げ、読者であるリトアニア人たちには、「普通選挙」「国民全員の選挙」の必要性を強く訴えている。

要するに、日本国民千人あたり十一人の男性だけが、議会への代表者を選ぶことができるのだ。貧しい労働者、大部分の農民、職人、小商人、御者、召使や下級役人など、最も多く働き、自分の仕事に対する賃金が最も少なく、それゆえ貧乏暮らしをしている人々は国の体制から遠ざけられているのだ。自分たちの利益を衆議院で守ってくれる代表者を選ぶことができないのだ。

貧しい人々同様に選挙から除外されているのは女性である。女性は金持ちであっても選挙権がない。こうした情況に対して、最近、特に日本の労働者の間で、選挙法改正がますます声高に要求されるようになってきた。

成人の国民全員が、男性であろうと女性であろうと、国庫に一銭も納めていなかったとしても、衆議院の代表者を選ぶ権利を要求している。すなわち普通直接平等選挙である。

また同様に、自分の住所に一日しか住んでいない人にでも投票を、と要求している。この法改正は労働者にとって極めて重要である。労働者の大多数は働き口を探して、数ヶ月ごとに移動しなければならないので、現在の法律では選挙人になり得ないのだ。

今まで、日本の国家がどのように取り仕切られているか見てきた。日本の秩序について何が良く、何が悪いと言えるだろうか。日本のような政府は国民にとって、一般庶民にとって良い政府だろうか？

国民にとって最も良い体制とは、国家政府が第一に国民の問題に取り組み、国民に奉仕し、国民に従順であることだ。西ヨーロッパのいくつかの国は、すでにほとんどこのような体制を導入している。だから、権力も最重要の国家問題も官僚も、普通選挙で選んだ国民の代表による議会の手中にある。

スイスのようないくつかの国では、極めて重要な問題は、国民の代表が決めるのではなく、国民投票で決める。このような国では、すべてのことが国民の多数が望むように行われる。これこそが、今まで世界中にあった体制の中で最も正しいものであろう。

明治憲法の評価

日本の総人口約四〇〇〇万人のうち、納税額が一定以上ある男性のみと、有権者に制限があることを指摘しながらも、カイリースは明治憲法の総合的な評価として、「最上ではないにしても、以前の体制とは比べものにならないほど人々にとってよくなった」と結論づける。一方で、任期中に起きる不祥事や二院制の弊害、税金の不透明な使い道など、現代日本で今なお叫ばれる政治改革の諸課題や、民主主義の根本的な問題に言及している。こうした点は興味深い。

日本の議会で議員の任期が四年であることも望ましくない。生活は一時たりとも同じところに留まっていない。四年の間には生活の多くのことが変化してしまう。そうすると、選挙人の利益も変化し、当初はその利益を擁護してくれると信頼していた議員が、その後その仕事を果たせなくなるということが起こり得る。

さらに悪いケースもあり得る。

例えば、選挙前には、当選すれば山ほど大仕事をすると約束する候補者が現れる。人々がその候補者を議員に選出すると、金で選挙人の敵側に寝返って、選挙人の利益に反する山を動かし始める。現在の日本の法律は、四年の任期が終わるまで選挙人が議員を召還することを許していない。そのため、このような裏切り者を追い出すまでにはあまりに長く待ち続けなければならない。

そこで今、衆議院議員の任期を二年だけとし、必要とあれば議員を召還することができるよう要求が出されている。

しかし、選挙法を改正するだけでは十分ではない。代表者としては今よりましな人が選ばれるかもしれないが、与えられている権力が小さければ選挙人への利益は少なくなってしまう。残念ながら日本の衆議院には、大した権力が与えられていない。例えば、衆議院だけでは新しい法律を発することも古い法律を改正することもできない。各法案は両院が採択し、天皇の承認を得て初めて法律となる。貴族院には上流階級の代表が集まっている。彼らは貴族の利益を擁護しているので衆議院との意見の一致などを待っても無駄である。両院での意見一致がなければ、国民に有益な政治は不可能だ。

そこで、新しい考えの人々は、二つの議院をやめて全国民が選出した一つの議院だけとし、天皇の承認無しに一院だけで法律を発する権利が与えられるよう要求している。

国民から集めた税金を、国民の望まない方法で政府が使うことができるのも良くないことだ。また、天皇は自分の意志で戦争を始めることができる。戦争が始まると国庫から最後の一円までひき出すことができるだけでなく、外国や国内の資本家から金を借りることができ、その分を臣民に被らせることすらできるのだ。

現在の憲法ではこれらのすべてのことが天皇に許されている。

もし国民自身が税の主人公になりたいのなら、憲法を改正しなければならない。国民の税金が何に使われるべきかの予算決定権を衆議院だけに与えなければならない。また、戦争開始の決定は天皇ではなく衆議院議会が行うべきことである。国民が血税をつぎ込み、血を流すのだから、国民の代表が審議しなければならない。

日本の国民にとって不都合なのは、大臣や県知事の権限が大きすぎることだ。それなのに彼らは職務の責任を衆議院に対して負っていない。大臣を罷免できるのは天皇だけである。すでにここ数年、開明的な議員らが大臣及び高官は議会によって罷免されるべきだと主張している。

日本の憲法と国家体制にざっと目を通し、その欠点をいくつか示してきた。ここで最初に提起した質問に答えよう。日本国民にとって新時代の体制は良いものだろうか？

その答えは……最上ではないにしても、以前の体制とは比べものにならないほど人々にとって良くなった。

天皇の臣民は、権力の一部だけでもつかみ取ったことを喜ばなければならない。それだけではない、この維新はほんの少しの血を流すだけで済んだ。フランスでは憲法を勝ち取る前に何十万人も殺されたことを思い起こせば、わずかな流血だったのである。今後、日本人に必要な変化は今よりも速く、楽に進むだろう。もちろん、国家と国民の代表の間で争いごとは起こる。金持ちの議員は貧しい人々の代表と衝突するだろう。しかし、その戦いは、議院の会議や民衆の集会で、生きた言葉や新聞や本を通して行われることになろう。

今後、天皇は権力を辞退して、国民の代表に権力を与えるよう、どんどん変わっていくだろう。おそらく、国家権力から退くことは、天皇にとってそう苦しいものではないはずだ。日本人に憲法を与える際、天皇自身がこう述べている。

〝貴族、軍隊及び国民全体にとって良くなるよう、朕の国民自身が古い体制より新しい体制を望ましいと感じるように、最大限努めることを誓う〟

憲法の仕掛け人

一九一八年の二月十六日に、リトアニアは内外に向けて国家の再建を宣言した。共和国として再出発する際の最初の憲法は、カイリースの草案が基礎になった。彼は、東洋風の立憲君主制に興味を示して明治憲法を熱心に調べただろうから、その成果が思わぬところで生きた……と語ってくれたのはヴィルニュスにある「カイリース財団」のキルヴェリス理事長だった。

「カイリースは若い頃からセイマス（註・リトアニア初の議会）にも参加をして積極的に活動をしていました。けれど彼が初期の憲法草案を作ったことは案外知られていません」

――彼はそんなに重要な役割をしたのですか。カイリースが作成した草案なるものは残っているのでしょうか？

「いや、残念ながら文案は残っていません」

「カイリースはリトアニア憲法の起草者だ」と話すキルヴェリス氏

土佐藩の志士であった坂本龍馬が、長崎から京都へ向かう船中で新しい国家の基本方針を記したとされる『船中八策』同様に、写しも実物も存在していないとは残念だ。龍馬の『船中八策』が、新しい政府の方針として発表された「五箇条のご誓文」の下敷きになったのでは？　という程度の話なのか、それとも、明治憲法の制定前に民間人や政党、政治結社がそれぞれ試作して発表した私的な憲法草案のような、試案であったのか……。

するとキルヴェリス氏は私の疑問に対し、こう答えた。

「彼が憲法の起草者であることは間違いありません。しかし、カイリースは表に出たがる人間ではなかったし、ドイツと組んでリトアニアの復興を目指していた右派のスメトナと対立していたので、ずっと過小評価されてきた人物なのです」

こうした事実が注目されていないのはいかにも残念、という口ぶりだ。

ここでもうひとり専門家の意見をご紹介しよう。リトアニア歴史研究所で二十世紀歴史局長を務めたラウリナヴィチュス博士である。ハリウッド俳優のジャック・ニコルソンを思わせる髪型と額、そして磊落《らいらく》な物言いの博士は、キルヴェリス氏とは持論が違う。

彼によれば、明治維新や日露戦争の勝利がカイリースはもちろんのこと、リトアニアの国家再建運動に影響を及ぼしたことはあっても、ふたつの憲法の間に類似点や関係は認められないと話す。

「カイリースは、皇帝や大公や王族が君主になることを否定していた人間です。その彼が、皇帝と同等の権力者だった天皇の欽定憲法を、草案の参考にしたとは思えません」

——なるほど。彼は若い頃から社会主義に傾倒していたのですから、それはわかります。

でも、教授、反面教師として改良すべき点の事例として、明治憲法をとらえたかもしれませんね。どうでしょうか？

「うーん、それは何とも言えませんな。カイリースが日本を自分たちの手本となる近代国家としてとらえていたことは事実です。その意味で、明治憲法の紹介はとても意味深かったのです」

このように、専門家の間でも見方はまちまちだが、明治維新を断行して近代国家と生まれ変わり、日露戦争の勝者として世界に名前を馳せた日本を、ロシアの北西地方の一つの地域におとしめられたリトアニアの青年が、熱いまなざしで注視し、祖国の再建にその知識を役立てたいと思っていたことは間違いない。

本書の巻末に、国家再建を果たしたリトアニア共和国の、最初の憲法（一九二二年八月六日公布。官報№１００より。三三二ページ参照）の一部を紹介しておく。そこには、カイリースが明治憲法の不備な点として指摘していた「全国民による投票」

「男女平等」「義務教育」「労働者の保護」などが確かに盛り込まれている。二十二年間というわずかな期間の独立ではあったが、一九二二年制定の憲法は民主主義を基盤とした、すべての国民のための「国民国家」を目指す理想が述べられている。生まれたばかりの「国家」の初々しいばかりの輝きが見てとれる。

明治憲法が、リトアニア共和国の憲法草案づくりにどのような作用を及ぼしたかは専門家のさらなる検証が必要だろうが、リトアニアでも日本でも、あの時代のインテリ青年たちは「国家」（ネイション）という新しい考えに熱中し、国家と自分たちとの新しい契約ごととして、憲法に夢を託したのである。

明治憲法そのものも、カイリースが改良すべきとしていた点は戦後の日本国憲法でほぼ修正された。日本国憲法が施行された一九四七（昭和二十二）年のカイリースは、まだドイツの収容所で第三国への出国を待っていた難民の身分だったが、後の亡命先のアメリカで日本の新憲法について何らかの情報は得たのだろうか。

二十代で日本の存在に衝撃を受け、明治憲法を精読し、祖国独立の希望の灯火として東洋の近代国家を紹介した青年は、いったいどんな感慨を持って終戦後のニッポンの歩みを見つめていたのか？　奇しくも、彼が亡くなったのは日本が戦後の復興を世界に宣言する晴れの舞台として招聘した東京オリンピックが開かれた、一九六四年のことだった。

そのように考えると、ますます彼の生き様に興味を覚える。日本論について三冊の本を出した後、彼はどのような人生をたどったのだろう？　なぜ政治の世界から離れて行ったのか？　私は、もう少し彼の人生をたどってみたくなった。

第七章　カイリースに出会う旅

ようこそ！　日出ずる国のみなさん

世界を一変させた新型コロナウィルスの蔓延がすでに二年半となった二〇二二年の十一月、ヨーロッパではいわゆる〝with Corona〟（コロナウィルスと共生する対策）を取る国がほとんどになっていたので、私は四年ぶりにリトアニアを訪れた。

遠くまでやってきたことを実感したのは、久しぶりの訪問だったからだけではない。二〇二二年二月から始まったロシアの、ウクライナへの侵略戦争のために、西側の航空会社がロシア上空を飛べなくなった。そのためフライト時間が長くなり直行便でさえも、東京からニューヨークへ行くよりもはるかに時間がかかるようになった。

二十二時に成田空港を離陸した飛行機が、ヴィルニュス国際空港に到着したのは翌

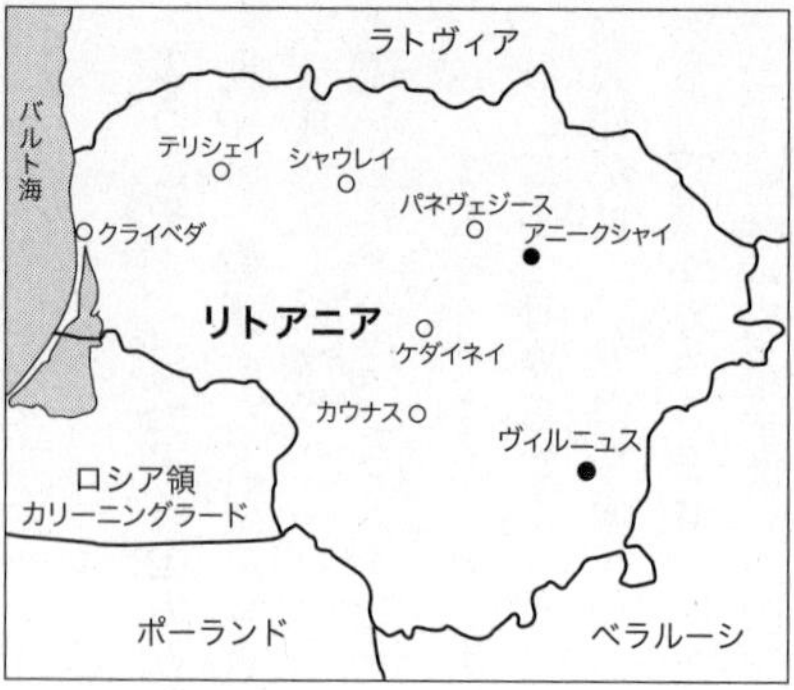

日の午前六時半だった。まだ夜があけていない真っ暗な空港のあちこちに、降り積もった雪が管制塔のオレンジ色の照明を受けてゴールドに耀いていた。

次の日にさっそくカイリースの生まれ故郷の村があるアニークシャイ市へ向かった。二〇一〇年の夏にアニークシャイ市一帯を訪ね、二〇一五年と二〇一八年には、地元にあるカイリースの名前を冠した小中学校を訪問して在校生たちと文化交流を図り、カイリースのご遺族の方ともお目にかかることができた。私にとって、思い出が一杯の土地である。

二〇二二年の春にはNPO法人「育桜会」の尽力で、日本の象徴であるサクラの苗木がアニークシャイへ渡り、クルクレイ村に建つカイリース小中学校の校庭に一八本、そこから車で少し行ったウジュネヴェジェイ村にあるカイリースの記念碑脇にも二本のサクラの苗木が植樹された。春の植樹式は、コロナ渦もウクライナの戦争もまだ先が見通せなかったため出席はかなわなかったが、在リトアニアの日本大使や地元の市長はじめ多くの関係者が見守る中、植樹式は盛大に行われた。

それから約七カ月。冬の訪れが早いリトアニアで、春に植えた苗木はうまく根付いてくれているのかと気になっていた。同行してくださったのは、カイリースの原書を翻訳担当したヴィルニュス在住の瀬戸はるかさんだ。彼女は、ロシア語習得のためモスクワへ留学したとき知り合ったリトアニア青年と結婚して「考えもしなかった」リトアニア暮らしがすでに二〇年以上になった、と笑いながら話す。自然体でこの国に溶け込み、家庭を築き、ますます活躍の場を広げている姿はとてもまぶしい。初めてお目にかかったときに小学生だった坊やも、パパの背丈に迫る勢いの高校生になっている。

「リトアニアは気取りがなくていいんです」

今も化粧っ気なく、学生のままのような彼女とリトアニアはよほど性が合うのだろう。

アニークシャイ市のスタッフは、寒い中を朝早く出発してヴィルニュス市のホテル前まで私たちを迎えに来てくれた。ヴィルニュスからアニークシャイ郡クルクレイ村まではおよそ一二〇キロメートル、二時間弱のドライブである。ビル群が建つ新市街をあっという間に抜けると、市内のウクメルゲス通りから幹線道路のルートA2に出て、ひたすら北上する。両側にシラカバ、モミ、マツの林がどこまでも続く広い二車線の道路を車は時速一〇〇キロで駆け抜けて行く。

今は外気温がマイナスだから窓は開けられないが、初めて行った時は車内に入ってくる風の香りから、あたり一帯にフィトンチッドが立ちこめていることがよくわかった。

一見、のどかに広がる森だけれど、その地面にも大木の根元にも森をわたる風にも、パルチザンの血や涙の歴史がからみついている。一九四一年から一九五三年頃までナチス・ドイツと、その後のソ連占領軍の双方に激しく抵抗して〝森の兄弟〟と呼ばれたパルチザンたちは、結局、悲劇的な最期を迎えた。侵攻してきたソ連軍によって約二万二〇〇〇人が殺され、パルチザンに協力した罪で農民ら五万人が投獄されて抵抗運動はつぶされた。

車の窓を少しだけ開けると、パルチザンたちの魂があちこちの森から森へと駆け抜けているように、梢を渡ってくる風の音が若者たちの歓声に聞こえたり、悲痛な叫び声に聞こえたりする。

初めての訪問の時、はるかさんは、これから行く村々は驚くほど素朴で首都のヴィルニュスとは「一〇〇パーセント別世界」と教えてくれたっけ。びゅんびゅんと過ぎ去る両側の白樺の林を観ていると、あの日のことが思い出される。

それは二〇一〇年の夏のことだった。

幹線道路からはずれて、背の高い草や灌木が茂るでこぼこ道をしばらく走って、ソ連時代の集団農場コルホーズの質素な農家が点在する村に入っても、人っ子ひとり見あたらず、似たような家ばかり建っている。そのせいか、空は晴れ渡っているのにうら寂しい景色に見えたことを覚えている。風の匂いはいつのまにかひなびた干し草のそれに変わっていた。遠くに来たのだと、強く感じた。

――着いたのですか？

すると、外務省から差し回された車の運転手は、肩をすぼめて「さあ……」と、心もとない。

「こんな田舎は来たことないんでしょう。道に迷ったのかしら」

はるかさんがつぶやいたとおり、車は同じ区画を何度もまわっている。ようやく自転車に乗った住民と出会い、カイリースの名を冠した地元の学校まで先導してもらった。

養豚とライ麦づくりをなりわいにしている村にしては立派な校舎だった。日本流に言えば小学校と中学校が一緒になっていて、八〇人ほどの生徒が勉強しているという。二〇〇八年から校名に「ステポナス・カイリース」を冠しているが、本人と特別のゆかりがあるわけではなく、地元の偉人を顕彰して名付けたらしい。一九三六年にカイリース本人がこの村の近くに寄贈した学校や彼が少年時代に通った学校は、残念ながらとっくの昔に廃校になっていた。過疎化、少子化。どこの国でも地方の抱える問題は同じだ。

校舎の前で車が止まると、すぐに学校の職員や地域代表やPTAの役員と思える方々が出迎えてくれた。その中の、ひとりの痩身の男性が私とはるかさんに声をかけてきた。

「日出ずる国の皆さん！ ようこそ」

〝日出ずる国〟とは、またなんと古典的で、敬愛に満ちた歓迎の言葉だろうか。視察するに、こんな寒村に東洋の端からジャーナリストが視察に来ることなんてめったにないらしく、地域の関係者のテンションが高くなるのもよくわかった。くだんの男性は、自分は村長のアルギマンタス・ユルクスだと自己紹介をしてから言葉を続けた。

「ヤポーニアはハラショーだ！ 国旗は太陽だね、我々も昔から太陽を崇めてきたのですよ」

村長のユルクスさんは、きっと外国人も聞き覚えのある、「ハラショー！」（素晴らしい！）という感嘆語を使ってくれたんだろう。

――村長さん、ハラショーってロシア語でしょう？

「リトアニア人はロシア語もしゃべる、ポーランド語もしゃべる」

複数の外国語が流通しているのは、言葉の数だけ外来政権がリトアニアを支配したことを表しているとも言えるのだが、彼はくったくがない。

こうして私たちは、ほがらかな村民たちによって十九世紀にリトアニアへやってきたサムライ使節団の一行同様、「日出ずる国からやってきた珍客」として温かなもてなしを受けることになった。

子供たちのヤポーニア

教室では、日本の中学一年生にあたる生徒たちが、放課後にもかかわらず二〇人近く待っていてくれた。赤ちゃんがそのまま大きくなったような健康的な肌に柔らかな微笑み。彼らはとても恥ずかしがりやで、先生に促されてようやく一人が日本について語ってくれた。

「ヤポーニアのアニメが大好きです、ミヤジャーキ（宮崎駿監督）の作品はいくつか観ました」

アニメの話題が出たところですっかり緊張がほぐれたのか、僕も、私もと全員が日本のアニメのファンだと言って作品を口々にあげる。

「私はコミックが好きなんだけど、リトアニア語に訳してある作品は少なくて残念です」

ある女子学生がこう話した。彼女は仕方なく、ロシア語や英語で日本の漫画を読むのだという。生徒たちはすっかりうち解けてきた。

「僕はスシを食べたことがあります。でもワサビは苦手だな」

——ほかにお寿司を食べたことのある人は？

すると、六名が勢いよく手を挙げた。断っておくがこれは二〇一〇年のエピソードだ。あれから一〇年以上たったのだから、お寿司を食べたことのある子供たちは飛躍的に増えているに違いない。実際、ヴィルニュスの街角には鮨バーや日本料理店がいくつもできていた。

——ヤポーニアには、どんなイメージがあるのかな？

「私はヤポーニアのサクラが好きです。テレビで日本のお花見の様子を観ました」

カイリース小中学校に通う生徒と先生たち。みんなヤポーニアに興味しんしん

一人がこう言うと、「観た、観た」という声がさざ波のように起きる。

「ヤポーニアのイメージは科学大国です、ロボットのような先端科学がすごい」

十九世紀の末にこの寒村に生まれ、まだ見ぬ広い世界を手探りしていたカイリースの少年時代と何という違いだろうか！　IT時代の申し子たちは日本についてネット検索をしたり、アニメの作品を通じて、驚くほど豊富な情報量を持っていた。

生徒たちは、もちろん日露戦争についてもよく知っていた。ロシアを打ち負かした明治時代の日本には、彼らが憧れている現代日本ほどではないにせよ、賞賛の気持ちを抱いていることがわかった。

最後に、生徒たちに、ステポナス・カイリースはどんな人物ですか？　と尋ねると、「リトアニアの愛国者」「独立回復宣言の署名者」という模範的な答えがかえってきた。それまで、黒板の脇で我々のやりとりをはらはらしながら眺めていた先生たちも、こうした生徒の反応に満足げである。

生徒たちは歴史の時間にカイリースについて学ぶほか、学校の行事として独立記念日の二月十六日には、毎年カウナスまで出かけて墓参りをしている。地元の郷土史研究家も学校に協力している。

そのうちの一人で元教師のドゥディエネ女史は、ウジュネヴェジェイ村に住むカイリースの親族への聴き取りも熱心に行い、こつこつと集めたカイリース関連の資料を授業にも提供している。忘れ去られた偉人を、郷土から盛り上げていこうという気概が感じられ、子供たちの愛国心が自然に育っていることを感じた。

望郷の念を詩に

「雲行きが怪しいので、急いでカイリースの記念碑のほうへ行きましょう」

副校長のラサさんにうながされて窓の外を見ると、いつのまにか黒っぽい雲が凶暴な意思をむきだしにして、太陽を呑み込もうとしている。私たちは二台の車に分乗して隣りのウジュネヴェジェ村へと急いだ。

しばらく行くと、大粒の雨が降り出してきた。車はワイパーの音をきしませながら走る。単調な田舎道を車は急ぐ。するとと左手にトーテムポールのようなものが見えてきた。それはカシの木で作った支柱に、身の丈三メートルはあろうかという聖人像を彫り、てっぺんに三角屋根を持つ小さな聖堂をつけたリトアニア独特のデザインだ。十字にはなっていないけれど十字架と同様、鎮魂の祈りがこめられている。

「あれがカイリースの記念碑です。遺言に従って遺骨がアメリカから戻ってきた一九九六年に、村人が生家の跡地に建てたものです」

私たちは傘をさして鎮魂碑の前に集まった。ついに私はカイリースの生まれた家の跡地にたどりついたのだ。記念碑には晩年の彼が、望郷の思いをこめて作った短い詩が添えてあった。

カイリースの記念碑前で姪の娘のリトゥーテさんと

私の生まれ故郷は
高地地方の小さな田舎
昔の名残りがあふれている
チュルリョーニスの描いた王の
手のひらに収まるような、ささやかな故郷

遠来の訪問者にカイリースの詩を歌って聞かせるように、記念碑の背後にそびえるポプラの大木が、折からの風で梢を揺らしていた。

遠く離れた故郷への愛情があふれんばかりのカイリースの詩を前にして、私は、亡命して米国籍となった世界的な映像作家ジョナス・メカス（Jonas Mekas 一九二二〜二〇一九）のことが重なった。彼もまたリトアニアの難民として、戦後アメリカに渡ったひとりである。カイリースはシカゴを拠点としたが、メカスはニューヨークに出て、実験映画やアバンギャルド・アートの旗手になった。

ジョナス・メカスは多感な高校生の時代にナチスの強制労働キャンプで非人間的な生活を強いられ、生きているのが奇跡だと感じながら迎えた終戦。難民となってアメリカへ移住した。言葉の通じない国で、望郷にもがきながら日記風に映像作品を次々世に問い名声を得ていった。一九七二年、メカスが二七年ぶりに帰郷したときの出来事を映像日記としてつづった『リトアニアへの旅の追憶』（Reminiscences of a Journey to Lithuania）は彼の代表作の一つに数えられている。

彼は亡命先のニューヨークから一九七二年に帰国してふるさとの土を踏み、母親をしかと抱きしめ、幼なじみと幼少時代に遊んだ森に分け入って、傷ついた魂を癒やした。故郷の自然をたんねんに映すフィルムからはメカスの至福が伝わってくる。もしカイリースが、一度でも生まれ故郷に亡命先のシカゴから戻ることができたら、神々が宿る深い森の中でメカスと同じような至福に浸ったことだろう。カイリースも、ロムヴァの信仰を持っている多くのリトアニア人同様に、慣れ親しんだ森の中で、巨木や石や鳥や獣など、多くの神々と出会ったことだろう。

以下にご紹介するのは、メカスが故郷のリトアニアを思いながらつくった『森の中で』という長編詩（一九六七年）からの抜粋だ。自分は何者なのかと自らに深く問いかけ、再び自分自身を取り戻す以前の、不安や恐れがひとつひとつの言葉からにじみ出している。

そして
私は
裸で
立っている、
ふたたび
事物の
あいだに
そして
初めの位置に、

私は
どこに
いるのか
そして
私は
何者なのかと

尋ねながら、
（中略）
過去は
どのように
潰えていくか
潰えていくか
そのありさまを
眺めながら、

一つ一つの
新しい
言葉が、
感覚が、
情熱が
どのような
ものかを

感じながら

ふたたび
私自身の
始まりが
ある
始まりが
ある、
私の
克服
と私の
破滅
が、

なぜなら
周りには

夜がある
ばかり
だから、

そして
私は
ひとり
立っている
立っている。

（『森の中で』ジョナス・メカス著　村田郁夫訳）

メカスの詩には、異国に生きるリトアニア人としての戸惑いや望郷の念が刻まれていた。

カイリースの姪御さん

記念碑からそう遠くない家では、カイリースが大学の教授となってカウナスで活躍

ブローネさんの家は木造建ての平屋。家の中も庭も手づくりの温かさが漂う

していた頃の様子を覚えている姪のブローネ・ラウペリエネさんが私たちを待っていた。彼女の父親がステポナス・カイリースの兄にあたり、生前のカイリースを知る数少ない親族である。当時九一歳だったブローネさんは、耳は遠かったものの足取りも話し方もまだしっかりしていた。しかし、彼女は二〇一八年三月に九八歳で亡くなったため、再会は叶わなかった。

以下は、二〇一〇年に訪問した時の様子だ。

畑に囲まれたブローネさんの家は木造の平屋建て。庭先に車を停めると庭の奥から飼い犬たちがしきりに吠える。広い敷地には牛と豚を飼育している小屋、犬小屋、野菜畑、納屋があり、動物の体臭と雑草の臭いが混ざり合って農家に来たことを強く感じた。

長女のビルーテさんと次女のリトゥーテさんに案内されて、家の中へ入った。手入れのよいフローリングはいぶし銀のような艶を出し、ペパーミントグリーン色に塗られた室内の窓にかかるカットワークのカーテンが、つましい生活のアクセントになっている。窓から光が入るものの、室内は薄暗い。手前の小部屋にはどっしりとした木箱。相当の年代ものだろう、表面に描かれた花や鳥の図案が木肌に半分溶け込んでいる。

カイリースの姪にあたるブローネ・ラウペリエネさん

以前、ヴィルニュス市内にある国立博物館のフォークロア展示館で、十八世紀から十九世紀にかけて盛んに使われた木製の衣装箱について説明を受けたことがある。リトアニアの女性たちは例えば花嫁衣装や季節ごとの儀式に使う布や服を、この中に入れて保存する。木箱の表面には必ず、神の使いである鳥、森の木、ブドウやチューリップ、ユリ、など花の図柄を描いて、聖なる力で大切な衣裳を守って貰うという。木箱は母から娘、そしてそのまた娘へと伝えていく大切な家具と聞いた。だから、ブローネさんの家にある古い木箱の中にも、娘時代の衣装や結婚式に使った思い出のドレスなどが入っているに違いない。

奥のリビングルームにはソ連製だろうか、時代遅れのテレビと木製のカップボードと大きなダイニングテーブルが置かれ、窓際のソファにブローネさんが座っていた。ミレーの名画『晩鐘』に登場しそうな、大地とともに生きてきた農婦の風情。昔の日本のお年寄りのように笑い皺に人生が見え隠れする。

彼女は、厚みのある節くれだった両手で私の手を包みこみながら、「アチュ」と言った。〝ありがとう〟という意味のリトアニア語である。

「あなたが、叔父さんに興味を持って訪ねて来て下さったことに、母はとっても感謝しています」

隣に座っている次女のリトゥーテさんが言葉を添えた。刺繍をあしらった民族衣装風の白いブラウスにふわっとした鮮やかな緑色のスカートがよく似合っている。彼女の頭に花の冠をつければ、そのまま「歌の祭典」につどう歌い手のようだ。

耳がやや遠くなっているブローネさんのために、娘さんたちが間に入って言葉をつなぎ、それをはるかさんが通訳してくれた。

デデ（叔父さん）の思い出

ブローネさんは、若き日の叔父さんが、日本に関する著作を出版したことをどこまで知っているのだろうか？　まずそのことを尋ねてみた。

老婦人は懸命に昔の記憶をたぐりよせていたが、力なく頭を振った。

「……思い出せないんですって」と、リトゥーテさんが肩をすくめる。無理もない。ブローネさんは生まれていなかったのだから。

――では、日露戦争はご存じですか？　この村から遠い戦場に出かけた若者もいたのではないでしょうか？

するとすぐに答えが返ってきた。

「知ってますとも。日本がロシアをやっつけた戦争でしょう」

「こんな小さな村でも大きなニュースになって、語りつがれてきたんですよ。ねえ、ママ、そうでしょう？」

母親の手を握りながらこう問いかける長女のビルーテさんに、ブローネさんは何度

アルバムから見つかったカイリース（左）のスナップ写真

もうなずく。

——では、カイリース叔父さんから、直接に日本のことや日露戦争のことを聞いたことはありましたか？

「さあて……」

　会話の途切れた頃合いを見計らうように、窓の向こうから犬が吠えたてた。みんながブローネさんの次のひとことを待っている間、犬の声ばかりが響き渡ってくる。

　ブローネさんは口の中で「ヤポーニア」とつぶやいているようだが、明確な言葉として出て来ない。まだごく幼い子供だったブローネさんに、叔父さんは戦争や政治の話しはあまり聞かせなかったようだ。

　同行してくれたカイリース小中学校の副校長であるラサさんが、代わりに口を開いた。

「もう昔のことですからね、当時を知る人は誰もいませんし……。でも日露戦争はリトアニアの歴史にとって重要な事件ですから、学校でもしっかり教えています」

するとブローネさんは自分の手を握っている娘の手をさすりながら、別の話題を始めた。

「私の覚えている叔父さんは、カウナスで忙しく仕事をしている姿だわねえ。毎年イースターや聖人祭のときは必ず村に帰ってきて、親戚をまわって挨拶をしてくれましたよ」

その頃のカイリースは五〇代の働き盛りだ。カウナス市役所でも腕をふるう水利技師として大学教授として、郷里に学校を寄贈した村の名士として尊敬を集めていた。彼は休暇をとっては妻とともにふるさとへ戻り、大好きな蜂蜜のお酒、ミードを口の中で転がすように味わい、タバコを吸い、旧友や親族と談笑したという。

リトゥーテさんが用意してくれていた家族のアルバムには、カイリースが親族の家を訪問したときのスナップが変色しながらも残っていた。妻とふたりで草原に座ってなごんでいるもの、妻の母親を同伴したときのもの、親戚と一緒に森へ散歩に出かけたようなスナップなど、故郷で存分に羽を伸ばして楽しんでいる姿がアルバムのあちこちにある。

カイリースは、心から〝昔の名残にあふれる小さな田舎〟を愛していた。そう、愛国者としてのカイリースの原点は、この近代化から取り残されたような、だが、自分たちの母語である古くからのリトアニア語が生き生きと使われている田舎にあったのだ。彼は先祖伝来の土地に帰ってきては、伝統的信仰ロムヴァの神々——星空や森に癒され、自分を取り戻してまたカウナスへ戻っていったのだろう。

アルバムに残る五〇代のカイリースは、若い頃に比べると穏やかながら精悍な感じがする。そんな印象を伝えると、ビルーテさんがこう答えた。

「水道工事の現場にいつも立ち会っていたから、日焼けをするんですよ。大叔父さんは、誰とでも気さくに話したというから、シャイな若い頃とは別人のようだわ。若い頃は写真が嫌いなのか、どのスナップもしかめ面をしていますもの（笑）」

ブローネさんは子供のなかったカイリース夫妻に大変可愛がられたというから、カウナスへもたびたび遊びに行ったに違いない。

「ええ、ええ、行きましたとも。叔父さんはそのたびにオペラや児童劇に連れて行ってくれてねえ、帰りにはきれいな服を買ってくれました。だから、私はあの頃、村一番のおしゃれさんだったのよ」（ブローネさん）

老婦人の灰色がかった頬にぽっと赤味がさし、柔らかなはにかみ笑いがあふれた。当時のカウナスはおしゃれな店が集まり、新しいモードの発信地だったという。少女時代の想い出が一気にあふれだしたのか、ブローネさんはおしゃべりを続ける。

「叔父さんから学んだ一番のことは……人間はいろいろな考えを持って生きているということです。人とつきあう基本を教わった気がしますねえ」

複雑な政治状況に身を置かざるをえなかったあの時代、カイリースがさりげなく少女に教えたことは、それぞれの信念を認め合いながら、危険を回避して人生を生きぬくための智慧だった。

「母は少女時代に、大切な書類を地下組織に届けるメッセンジャー役もしていたんです」

と、ビルーテさんは母親の手を強く握る。ナチドイツと旧ソ連の赤軍がしのぎをけずりながらリトアニアの覇権争いをしていた時代に、そんな危険な任務を親戚の少女がしていたとは驚きである。

「……そんなこともあったねえ」

ブローネさんは昔の記憶をたぐりよせるように、遠くの一点を見据えたままだ。

弱小地主の息子

ここで、ステポナス・カイリースの子供時代、青年時代の話をしておこう。

彼は、一八七九年一月六日、ウジュネヴェジェイ村にある地主一家の四男として生まれた。同じ年に、後にソ連の独裁者となったヨシフ・スターリン（一八七九〜一九五三）がグルジアの靴屋の息子として生まれている。また、明治十二年にあたる日本では、後に大正天皇となる嘉仁親王が誕生、東京招魂社が靖国神社に改称したのも一八七九年のことだった。

カイリースの生家は六〇ヘクタールもの耕作地を所有していたが、日々の暮らしにそれほどの余裕はない。彼が後に著すことになる本の中で、「日本では二〜三ヘクタールも土地を持っていればもう地主になれる」と驚いているところをみると、小地主とは言え、カイリースの一家は、ロシアが持ち込んだ農奴制に苦しめられていたようだ。

父方の姓は「トマソーニス」と言うのに、なぜ「カイリース」という別の姓がついたのかと言えば、こんなエピソードがあった。

彼の父親は左利きだったため、村では「カイリース」（左利きの意味）という通り名で呼ばれていた。たまたまステポナスの洗礼式を取り仕切った司祭が無類の酒好きで、当日も式の前にウォッカをしこたま飲んでそのまま洗礼式に臨んだ。ご機嫌がよくなりすぎた司祭は、ちゃんと確かめもしないで赤ん坊の姓を「カイリース」と登録してしまった。十九世紀の小さな村では、名前の取り違えなど珍しくもない出来事だったというから、おおらかなものだ。

ステポナス・カイリースは、幼い頃から神童の誉れ高い早熟な子供で、公用語のロシア語はもちろん、ポーランド語やドイツ語もすぐに覚え、本を読みふけっていた。目立つことを嫌い、理屈を好むもの静かな少年だった。

父親が息子の将来を考えて神学校への進学をすすめても、「神学の道には進みたくないんだ。第一、司祭なんてぼくに合っていないよ」。

一三歳の少年はおとなびた口調でこう言い、父の夢をいともたやすく砕いた。

肌合いの違う末の息子を、農夫あがりの父親は理解できず、親子は何度も衝突した。そのたびに母親がおろおろしながらとりなすのだが、少年は自分の意思を貫き、パランガの中学校へと進学。高校はシャウレイにあるギムナジウム（高等学校）に入ったが、父親は今度の選択も気に入らなかったら。

「そんな勝手をするならもう面倒はみてやらないぞ」

こう言われて、勘当同然に家を出たカイリースは、学費を自分で工面しなくてはならないはめになった。そこでカイリースはシャウレイで子供たちを集めて塾を開き、学費と生活費をどうにか自分で稼ぎ出したというから驚く。この頃から、彼のまなざしは同級生より少し遠くに注がれていた。高校ではロシア正教にのっとって行われる学校のミサを何度も拒否して、危うく退学させられそうになったりもした。

すでに記したが、カイリースの中学時代には、後に共和国大統領となるアンタナス・スメトナ（一八七四〜一九四四）が一年上の学年に在籍していた。当時のスメトナは雪合戦の時、いつもリーダー役だったらしい。二人は気の置けない遊び仲間でもあった。高校は別々になったが、数年後、ロシアの帝都ペテルブルグ（現在のサンクト・ペテルブルグ）で再会を果たした。スメトナは一八九七年にペテルブルグ大学法学部へ、カイリースは一八九八年にペテルブルグ工科大学へ入学している。

ふたりはそれぞれの国家像を熱く戦わせながらリトアニアの国家再建運動にかかわっていくが、最終的には理想のゴールの違いから決別する運命をたどる。

革命の胎動

リトアニアの片田舎から留学のためにやってきたカイリースが初めて目にしたペテルブルグは、ロマノフ王朝（註・十六世紀から二十世紀のロシア革命まで君臨した王朝。ラストエンペラーはニコライ二世）が約三〇〇年にわたって築き上げた富の力で厚化粧した帝都だった。爛熟した文化におぼれる貴族と地方から流れてきた貧しい人びとが混ざり合い、世紀末の様相を呈していた。

祖国リトアニアでの生活を重ねあわせながら、帝都の様子にカイリースは唇をかんだろう。冷静な観察眼を持つこの青年は一ヶ月もしないうちに帝国の安泰と貫禄は見せかけだけで、ロシアの大多数の国民が皇帝のために多くの犠牲を強いられ、その不満がくすぶっていることに気づいた。

実際、カイリースが到着する前から暗殺事件はひんぱんに起こり、労働者はゼネストを繰り返し、ロシア全土で不穏な胎動がうねり、突き上げ、ぶつかりあっていたのである。

入学早々、カイリースはリトアニアからの留学生に声をかけられた。

「おい、これから講堂で重要な集会があるんだ。参加しないか？」

「集会？　何だ、それは」

「政局演説会さ。政府の腐敗をただす同志が集まっている、我々の祖国にも関係のある話だから、いっしょに行こう」

誘われるままについていくと、大学の講堂はすでに学生であふれていた。禁止されているはずの集会が開かれ、政府の批判が堂々と行われている。皇帝の専制政治に対する怒りが学生や労働者たちのあいだに熱病のように広がっていることに、カイリースは驚いた。同席したバルト沿岸国の留学生たちともすぐに意気投合し、彼はリトアニアのために自分の持てる力を捧げたいと強く思った。この頃カイリースとスメトナは、リトアニアの留学生が設立した互助会で再会を果たしている。

世慣れていない上に一途な性格のカイリースは、入学早々反ロシアの運動にのめりこんで退学を言い渡された。だが、田舎の両親の期待を裏切ってはいけないと思ったのか、なんとか教授に頼みこんで復学を果たしたものの、ほどなくするとリトアニアのヴィルニュスとペテルブルグの間を往復しては双方の活動家のメッセンジャーを務めるようになった。大学二年生になると、カイリースはリトアニアにできたばかりの社会民主党に入党した。

第一章ですでに記したが、一九〇四年に日露戦争が始まるとどの大学でもどの職場でも人々は巷を駆けめぐる噂に耳をそばだてた。というのも、東洋の果てで始まった戦争のために属領のリトアニアからもラトヴィアからもエストニアからも、多くの若者がロシアの兵隊として徴兵され、戦う理由もわからぬままに最前線の満州に赴いた。残された家族たちは、「マンチューリ」という言葉が何を意味し、それがどこにあるかも知らされぬまま、夫や息子の帰りをじっと待つしかなかったから。

刻々と入ってくる情報はどれもロシア軍の奮闘を伝えるものだったが、やがて撤退、陥落、敗走といった内容に知らせが変わってくる。留学生たちは、食堂で、教室で、集会室で、ロシア軍敗北のニュースを興奮混じりに話題にした。

革命の気運に満ちた彼らにとって、いつのまにか日本人が忌まわしい政治体制にピリオドを打つ救世主のように思えてきたのだろう。カイリースらは形容しがたい昂揚感とひりひりした緊張感にとらわれながら、時代が動く瞬間を待っていた。

後に、回想記を書いたカイリースは、この時代の空気を鮮明に覚えていて以下のような文章を残している。

「非ロシア人学生（グルジア人、アルメニア人、ウクライナ人、リトアニア人、ポーランド人）たちはさらに高揚していた。当時、ロシアの高等教育機関の学生たちは来るべき出来事の予感に沸き立ち、再び突発的奔流のように外にほとばしり出る機会を

待っていた。前線での事件がこの気分をかき立てていた」（『リトアニア、あなたへ』ステポナス・カイリース著　瀬戸はるか訳）

一九〇五年一月二十二日、戦争が追い打ちをかけた貧困や労働者の権利を求めて、一般民衆が王宮前で整然と抗議をしていたところ、皇帝の軍隊が人々に向かって発砲した。「血の日曜日事件」である。多くその結果、数千人とも言われる多くの犠牲者が出たことで、一九一七年のロシア革命の引き金となった。

ちょうどこの翌日、ロシア皇帝に招待されてペテルブルグにやってきた人気絶頂のアメリカ人の舞姫イサドラ・ダンカン（一八七七〜一九二七）は、駅から帝都のホテルに向かう途中「気味悪い光景を見た」と自伝に記している。まだ夜が明けやらぬ四時過ぎ、気温は零下一〇度という寒さの中を行く行列だ。

「それは暗く悲しみに満ちて進んで来た。沢山の男が次々と柩をかついで行くのである。（中略）だが何故、夜明けに葬式などするのか。それは昼中にやりでもしたら、おそらく革命が起こるからである。こうしたものは白昼、市内で行われるべきものではない。涙が咽喉にひっかかった。私は無限の怒りに震えながら、哀れな悲しみに打たれた労働者が、この殉教者の遺体を運ぶのを見つめていた」（『わが生涯』イサド

ラ・ダンカン著　小倉重夫、阿部千律子訳）

血の日曜日事件に続き、日露戦争の屈辱的な惨敗がロシアを覆った。

一九〇五年、五月二十七日未明から、対馬沖でバルチック艦隊と日本の連合艦隊の海戦が始まると、カイリースらは耳をそばだてて海戦の様子を知ろうとした。戦争が始まった当初は、強大なロシアに東洋のちっぽけな国が戦いを挑むなんて……と、誰もが半信半疑だったが、戦況が少しずつ変わるうちに、カイリースらは公然と日本の勝利を願うようになっていった。

バルチック艦隊壊滅の一報は、艦隊の本拠地があり、しかも多くの若者を遠く離れた戦地に送り出していたバルト沿岸の属領に、またたくまに広がった。東洋の小国ニッポンの存在は、カイリースたちの心の中で湧き上がる入道雲のように大きくなっていった。

「国民が一丸となって前へ進めば、必ず新しい時代が開ける」

「我々の国家を再生しよう！」

学生たちはいっせいにシュプレヒコールを上げた。若者たちの熱気はあっというまに祖国へ飛び火し、農村にまで広がってバルト海沿岸のロシア領では次々と反乱が起こった。数年前からヴィルニュスに戻っていたスメトナはリトアニア語の復興を目指し、新聞や雑誌を数多く発行し、すでに民族派の中心人物になって表舞台で華々しく活躍を続けていた。一方、目立たぬところで活動を続けてきたカイリースは、祖国の再建に向けてスメトナとともに戦うことになる。

一九〇五年十二月、多数の民族派が集まってヴィルニュスで二〇〇〇名規模の集会が開かれ、自治権とリトアニア語による教育の復活を要求した。「日本論」を執筆中のカイリースも積極的に加わり、ヴィルニュス大議院の副議長に選ばれた。

一九〇八年にペテルブルグ工科大学をようやく卒業したカイリースは、リトアニア各地で技師として働き、一九一一年、三一歳のときに、留学時代に知り合ったベラルーシ出身の女性詩人アロイザ・パシキエーヴィチと結婚する。

カウナスへの逃避行

一九一四年、サラエボを訪問中のオーストリア・ハンガリー帝国の皇位継承者フランツ・フェルディナント大公夫妻が暗殺され、第一次世界大戦が勃発した。すかさずドイツはポーランドとリトアニア西部とクールラント（ラトヴィアの南部）地方を占領する。ドイツは、バルト海の拠点港であるラトヴィアのリエバヤを狙っていた。

リトアニア評議会のメンバー。前列右から２人目がカイリース、４人目がスメトナ

ロシアでは民衆の不満がついに臨界点に達した。一九〇五年一月に起きた「血の日曜日事件」以来、地方から労働者たちが集まって抗議活動が繰り返され、皇帝の軍隊とたびたび衝突を起こしていた。そうした不穏な情勢が続く中、一九一七年十月にボルシェヴィキ（赤軍）が率いる軍隊が武力でペテルブルグを制圧、皇帝ニコライ二世が退位して三〇〇年あまり続いたロマノフ王朝は終わりを告げた。世に言うロシア革命だ。

帝政ロシアが崩壊したというニュースは、エストニア、ラトヴィア、リトアニア、ポーランド、フィンランドなどバルト海沿岸諸国に大きな衝撃と光明を与えた。どの国でもロシアからの分離独立運動が盛り上がり、ナショナリズムが勃興した。

もちろんリトアニア人もこの日を待ちわびていた。一九一七年には、アンタナス・スメトナを議長に、カイリースを第一副議長に選んで国会のもとになる「リトアニア評議会」を招集。共和国憲法の草案作りにも着手した。

十一月には一二〇年に及ぶロシア支配からの離脱を宣言し、十二月にはヴィルニュスを首都とした国家の独立承認をドイツからとりつけ、一九一八年二月十六日に内外へ向けてリトアニアの国家としての再建を宣言した。二〇名の執行委員の一人に選ばれたカイリースは、独立宣言書に署名したことで歴史に名を残すことになる。

有り難いことに、一九一八年前後の貴重な資料はヴィルニュス旧市街中心のピリエス通りにある「独立宣言署名者記念館」に展示されている。その中には、評議会メンバーの集合写真やカイリースが他のメンバーにあてた自筆の手紙、国家を再建する趣旨のラジオ放送の再現などもあって、興味深い。旧市街の散歩の際は、ぜひ立ち寄ってみて欲しい。

自分たちの国家を取り戻したリトアニア。さらにエストニア、ラトヴィアもこれに続いた。日本政府は、一九二二年にバルト三国の独立を承認、リトアニアとは外交関係を正式に結んだ。その一〇〇年記念のイベントが、二〇二二年の秋にヴィルニュス市内にある国立図書館などで催されたことを付け加えておく。

独立を果たしたものの、リトアニアを巡る状況は相変わらず切迫していた。

第一次世界大戦でドイツの敗色が濃くなると、ボルシェヴィキ軍が帝政ロシア時代の領土を奪還しようと再び乗り出してきていたし、一九一九年に入ると、赤軍と組んだ左派がリトアニア・ソヴィエト共和国の樹立を宣言、リトアニア共和国軍は一時的に赤軍を後退させたが、その混乱に乗じたポーランドが一九二〇年、中央リトアニアを含むヴィルノ地方に攻め入って、ヴィルニュスを占領した。混乱はいっそう深まり、共和国政府は赤軍から逃れるために臨時首都のカウナスに脱出し、ヴィルニュスのポーランド支配がしばらく続く。

一九二二年八月、カトリック聖職者の支持も得たキリスト教民主党政権が新憲法の発布を行ったが、各派が権力闘争を繰り返し、政治は不安定のままだった。一九二六年に、初代大統領を務めたスメトナが再び共和国大統領に就任、強権的な手法を用いて反対派を押さえ込み、一九四〇年まで国家の運営にあたった。

二つの世界大戦のはざまでかろうじて実現した国家の再建は、ドイツやポーランドとの関係を考慮しながらの不安定な政局運営ではあったが、独自の通貨リタスを定着させ、農地改正を行い、言語や伝統文化、土着信仰の復活を果たしたことは、リトアニア人のアイデンティティー形成に大きな影響を与えたことを、専門家たちは評価すべき点としてあげる。

ただ、カイリースはスメトナの強権的なやり方に違和感を覚えたのか、政治からしだいに離れていく。本来の志望だったエンジニアへと軸足を移し、一九二三年にカウナス大学（現在のヴィータウタス・マグヌス大学）工学部の助教授に転身、合わせてカウナスの上下水道整備に全力を傾けることになった。政治から距離を置いても、やはり民衆のために尽くす姿勢は変わらなかった。最初の妻アロイザと死別したカイリースは、一九二三年に、オナ・レオナイテと再婚している。

真の愛国者

カイリースがカウナスに移った後、ウジュネヴェジェイ村に住み続けていた親族たちは、どんな生活を送っていたのだろうか？

ブローネさんによると、彼女の父（カイリースの兄）は、小規模ながら実家を継いだ地主だったけれど、リトアニアが第二次大戦の少し前から旧ソ連に併合されると、土地はすべて没収され、あやうくシベリア流刑になるところだった。災難をまぬがれたものの一家にはずっとソ連当局の監視がつきまとい、戦後は緊張と密告の恐怖の中でずっと息を潜めて生きていかなくてはならなかった。

若い頃からブローネさんは、常に見張られているという意識がとれず、ただ、その日一日が無事に過ぎるようにとコルホーズで働き、結婚後はひたすら子供の養育と家庭の切り盛りに人生をささげてきた。村人が密かに聴いて西側とつながっていたVOA（Voice of America）放送も「恐くて聴けなかった」。そのため、遠いアメリカで亡くなった叔父のことは、しばらくしてからひとづてに聞いて知ったという。

「母は叔父さんの死を、VOAのニュースでたまたま聴いた隣人から知らされて、その場で泣き崩れたそうですよ」

柔らかな午後の陽ざしが入る窓際のソファで、うつらうつらし始めたブローネさんに代わって、次女のリトゥーテさんは母親がのりうつったかのように熱弁をふるう。

「あの日のことは私もはっきり覚えています。朝、登校前に私と姉に制服を着て学校へ行くよう母が命じたんですもの。有無をいわさず、説明もなしに、よ。制服は式典のときにしか着ないから〝一体どうしたの？〟〝何があったの？〟と、学校中のみんなからさんざん言われました。母はそうやって彼女なりに弔意を表したんでしょう。でも、大叔父の死を教えてくれたのはずっと後になってからのことでした」

無理もない、ソ連に組み込まれた社会主義体制のあの時代、リトアニア共和国の独立に関係する人物で、しかもアメリカへと亡命したカイリースは〝国家の裏切り者〟扱いを受けていた。そのため親族までが厳重に見張られ、彼の名を口にすることさえ、自由にならなかったのである。

感極まったのか、リトゥーテさんは目を赤くして声をはりあげて言った。

「大叔父は、誰よりも！（とこの部分を強調して）祖国を愛していたのに！」

私たちは彼女の勢いに圧倒され、しばらくは言葉もなく彼女の話した意味をあれこれ考えた。

しばらくの沈黙の後、たかぶった感情がすーっと引いたリトゥーテさんは、お茶目な表情に戻って、こう言った。

「さ、コーヒーといっしょに召し上がって！　このクッキーもチョコレートも黒パンも母さんからの直伝！　よ」

ソウルフードの黒パン

リトゥーテさんのおすすめで口にした黒パンとハチミツ。なんと滋味豊かな味わいだろう。リトアニアのソウルフードとも言える、このふたつについて少し説明をさせていただこう。カイリースの血と肉と精神をつくりあげたのも、これらのソウルフードなのだから……。

国民食である黒パンは、ハチミツと並んでリトアニアの文化と歴史が詰まった代表的な食品である。とはいってもラトヴィアでもエストニアでも、そして、ドイツやロシアや北欧各国でも黒パンが食卓に登場する。バルト三国それぞれのパンを食べ比べたとしても、外国人にはその違いを言い当てることはできないだろう。しかし、リトアニアの黒パンは他の国々とどこか違う点があるはずだ。

この点を、私はリトアニアの伝統的な食文化に詳しい民俗資料館の学芸員に聞いてみたことがある。すると彼女は以下のようにリトアニアのパンのことを説明してくれた。

「確かにバルト三国の黒パンはどれもよく似ています。あえてリトアニアの特徴を言えば、

じっくり寝かせたパン生地をラグビーボールのように丸め、窯で焼き上げる

昔ながらのパン作りがまだ残っていることでしょう。天然酵母や石窯を使い、砂糖などは入れません。ライ麦一〇〇パーセントのずっしりとした、石のように重いパンというのもリトアニアらしさのひとつですね。森で採れた松の実とか畑のひまわりの種、カボチャの種、それからリトアニア大公国時代に東方から伝わったクミンやキャラウェイシードなどのスパイスを、パン生地に練り込んで焼いた種類が比較的多いのもリトアニアらしいと言えますね」

中世に栄えたリトアニア大公国は海外から傭兵を多く集めたので、中東地域や東欧からやってきた兵隊たちが自国で使うスパイスをリトアニアの食文化に持ち込んだという。

言われてみればそのとおりで、リトアニアの黒パンには、噛んでみると口の中で、ほのかな酸味とともにさまざまの種やエキゾチックなスパイスが渾然一体となるものもある。いかにも健康的な主食だ。

学芸員から教わった本来の伝統的な黒パンの製造過程を知りたくて、二〇一八年に、ヴィルニュスから西へ九五キロメートルほどのミケネイ村の農家まで出かけた。そこで、昔ながらの石のように重いパンを、数百年変わらぬ製法で再現しているパン職人と出会った。

ミケネイ村は、ライ麦、大麦の畑で囲まれたのどかな風景の中に、数軒の農家が点在していた。家の外で待っていてくれたネリユス・クリャウチューナスさんは、祖母から受け継いだ方法でパンを焼いて、月に何度か都会のファーマーズ・マーケットに出店している。背が高くがっしりしたネリウスさんは、まるでバスケットボールの選手のようだ。

彼はさっそく黒パンの焼き窯の前で、その特徴を話してくれた。

「伝統的なパン作りの特徴は、なんと言っても天然酵母の作り方に時間をかけることです。第二はライ麦を粗挽きにすること、第三は時間を掛けて発酵させた酵母を使うので、そこから酸味が生まれ、生地が粘る。こうしてもちもちの食感が生まれます」

もちもちの食感を生むためには、細心の注意で発酵を管理することが必要となる。パン生地は祖母から教わったとおりにライ麦粉と水だけ。ヴィルニュスのスーパーマーケットやベーカリーで売れ筋の、砂糖で少し甘みをつけたパンとは大違いだ。

ネリユスさんは、生地を発酵させているオーク樽からパン生地をつかんで、それを大型コッペパンのように成形し、表面に木製ナイフで何本も筋をつけると石窯に入れた。毎日石窯の前で先祖の霊と対話し、神に感謝をするために石窯に入れる最初のパンには表面に十字架の切り込みを入れるというから、こんなところにも精霊に感謝をするリトアニア人の精神性を垣間見る。

窯は朝から薪をくべてしっかりと温度を上げてある。もちろん毎日の薪割りも大切な仕事だ。慎重にパンを焼き窯に入れて一時間半後、なんとも言えない香ばしさが漂ってきた。オーク樽と酵母の香りがしみこんだパンが焼き上がってきたのだ。石窯の扉の周囲は中からの熱で赤く色づいている。

ネリユスさんは慎重に扉を開けると、ボートのオールのような手製の道具を使い、焼き上がったパンを窯から取り出す。そして、焼け石のように炎を含んだパンを、一個ずつ石窯の脇に置いてある水をたたえた大きな桶に浸けていく。ジュジューッというすさまじい音とともに、水蒸気が天井まで白い煙となってあがっていく。

これにはもうびっくりした。

「こうやって粗熱を取りながら、パン全体に水分を行き渡らせるのです」

作業場全体が白いもやで溢れる中、私は焼き上がったパンを冷水につけるという作業を、ただ、ただ固唾を呑んで見守った。水分を含んでさらに重くなったライ麦パンは、ひとつの重さがゆうに、三キロ近くになっているだろう。板に並べて一昼夜放置すると、いつまでも保存ができて、しかもちょうどよいもちもちの歯ごたえのパンに仕上がるのだそう。

――では、明日が食べ頃なのですね？

「いいえ、今日焼いたパンの食べ頃は一週間か一〇日後でしょう。それくらい置いてしっかりとパン生地がしまったところで食べると一番美味しいのです」

リトアニアの黒パンに、トースト用のふわふわしたパンの常識は、まったく通じない。

ブローネさんたち農家の主婦も、ネリユスさんと同じ気概で祖母の祖母、そのまた祖母たちが伝えてくれた伝統の味を守ってきたのだろう。

こうした伝統的な製法で作る黒パンは、ヴィルニュスやカウナスなど、都市部で定期的に開かれるファーマーズマーケットで手に入れることができる。

ハチミツは神様の贈り物

黒パンと並んで、ハチミツもリトアニアの代表的なソウルフードだ。

全国の巣箱数が約一三万三五〇〇と、ヨーロッパの他の生産国に比べれば規模こそ小さいけれど、ドイツ、ルーマニア、ニュージーランドと並び、安全で品質が良いと高い評価を得ている。

リトアニアのハチミツは、非常に歴史が古く、最初は薬として使われていた。日本でも奈良時代には貴重な品とされ、平安時代になると貴族たちはハチミツを香のように焚《た》いた。リトアニアが中央ヨーロッパの大半を支配していた大公国（一二五一～一七九五）時代から、ハチミツとハチミツから作るミード酒は重要な輸出品だった。

中世の頃から養蜂業者たちは強い団結心（ビチューリステ）で結ばれ、巣箱やハチを分け合い、助け合いながら仕事をし、何よりもハチを敬った。養蜂業者同士の関係が誠実で〝ビチューリステ〟が深まっていれば、どの養蜂場のハチも勤勉に蜜を集める。ビチューリステでつながっているはずの同業者が仲違いを起こしたり疎遠になったりすると、フシギとハチも離れていってしまう。……そんな教えが現在も受け継がれているのだ。

ベラルーシとの国境近く。南向きのなだらかな草原に野生のキスゲの黄色い花が一面に咲いている……その奥の敷地に点々と巣箱が並ぶ農場でハチミツつくりに精を出す養蜂家のヴィータウタス・マルケヴィキチュスさんを訪ねたとき、こう言われた。

「ハチと仲良く作業をするためには、巣箱を開ける前に神さまに祈りをささげるのが習わしなのです」

そして「さあ、一緒にお祈りしましょう」と誘われて、彼らとともに輪をつくり祈りの言葉を神妙に聞いた。

〝神と自然との子である私たちは、これから平和な気持ちで御前に伺います、ナマステ〟

最後の「ナマステ」は、ネパールやインドで使われる挨拶の言葉だ。リトアニア語は、インドヨーロッパ語の中で最も古い歴史をもっているので、サンスクリット語由来の言葉が今も生きている。

巣枠には、琥珀色のハチミツがびっしり。働きバチをやさしく移す

「さあ、出来たてのハチミツをわけておくれ。お客様に味わってもらうからね」

彼は、まるで仕事仲間の相棒に声を掛けるようにハチに話しかけたあとで、巣箱に噴霧器を使って煙をまいた。カモの羽根で作ったブラシをそっとあてて巣箱から一時的にハチを追い払い、巣枠を取り出す。直径が五ミリほどの精緻な六角形が幾何模様となって並んでいる。中にはまだ大きな女王蜂と護衛のハチが数匹いる。ヴィータウタスさんは水鳥の羽根を使って、優しく残りのハチを他の巣枠に移した。

「女王蜂は七年くらい生きて、産卵期は一日に二〇〇〇個ほどの卵を産んでくれます」

巣枠から取り出して、人工的な処理も熱も加えない濾過しただけの琥珀色のハチミツは、生命力が保たれてジアスターゼ（活性値）が四〇〜六四度にもなっているという（註・日本養蜂協会が定める国産天然はちみつのジアスターゼの基準値は一〇度）。リトアニア政府が厳しく品質を管理しているハチミツは、一〇〇パーセント天然のもの。このように生命力にあふれたハチミツは、採取して四〜一〇週間後には瓶の中で主成分のグルコース（ブドウ糖）が結晶して霜のようになる。

ヴィータウタスさんの夫人が、濃密なハチミツをタテ半分に切ったキュウリにたっぷりと載せて、さあ、どうぞ、とすすめてくれた。

——キュウリにハチミツ……ですか？？

「これは、十八世紀のラグドゥスという伯爵が発明した食べ方なのよ。おいしいから試してごらんなさい」

さっそく口に含むと、まるでメロンみたいで美味しい！　リトアニアで初めて知ったキュウリの思いもつかない食べ方だった。

なお、東部のラバノーラス地域に広がる国立公園の一角に、ユニークな養蜂博物館がある。四〇〇ヘクタールもある敷地には、十八世紀に使用された丸太製の巣箱の複製や、ウクライナの大統領が寄贈した巣箱、神話に登場するハチの守護神オニスティヤとバビュラスが置かれている。ロムヴァの教えにより、ハチの神様も大切に崇められている。

屋内の展示室にはハチの生態、ハチミツの集め方、ハチミツの成分、養蜂業の発展史など、様々な角度から学べるよう工夫され、とても興味深い。館長のダヌテさんによると、ハチの先祖は一億年前から生存しているという。大昔からリトアニアの生活にハチミツは無くてはならぬもので、子供の誕生や洗礼式、成人式など、結婚式、葬儀と、人生の通過儀礼には必ずハチミツやハチミツから作った飲み物を用意した。今でもこうした伝統を守る地方が少なくない。

以上、リトアニアのソウルフードのことを書き連ねたのは、戦時中にシカゴへ亡命し、一度もふるさとへ戻ってこられなかったカイリースは、一九五〇年代にシベリアに追放された多くのリトアニア人同様に、ハチミツや香り高い黒パンなどの味を思い出していたに違いないと思ったからだ。私はブローネさんの家で、チーズやハチミツを載せた手作りの黒パンを味わいながらその美味しさに感激する一方、ソ連時代に逆境に追いやられて二度とふるさとに戻れなかった人々の、望郷の念や無残な半生に思いを馳せずにはいられなかった。

ついでの話しが長くなってしまった。

もてなし上手の姉妹は、私たちにあれもこれもとデザートをすすめながら、こんなことも話してくれた。

「大叔父がそもそもナショナリズムに目覚めたのは、初恋の女の子の父親の影響だったんですって」

思いがけないエピソードの披露に、同席したみんなが笑いさざめいた。ウジュネヴェジェ村の農家でのひとときは、晴れやかに過ぎていく。

約束の時間はあっという間に過ぎ、私たちをもてなしてくれた人々とお別れする時間がやってきた。ブローネさんに会うのは、もうこれが最後になるかも知れない。そう思うと、いつまでもその肩を抱いていたくなった。

ヴィルニュスに戻る車中で、私はカイリースの書いた日本論に出てくる一節を思い出した。

〝まるで、祖国の明るいと晴れ渡った空が日本人の心を澄み渡らせて、暗い考えが長いこと心に居座らないようにしているかのようだ。空を飛ぶ鳥のように、明日何を食べるか、何をもって自分の身体を覆うか、なんてことはあまり心配していない〟

（第三巻より）

なぜなら、クルクレイ村やウジュネヴェジェイ村で出会った人びとは、カイリースがその著書で紹介した昔の日本人にそっくりに思えたからだ。現代の日本人は、ずいぶん変わってしまったけれど、この村の住民は明るい太陽のように心が澄みわたっていた。

暗黒の日々

一九三四年、ヒトラーがナチス・ドイツの総統になると、東方進出の野望をむきだしにしてオーストリア、チェコスロヴァキアを次々に併合していった。リトアニア政府はあくまでも中立を守るために努力をしたが、一九三九年三月にはリトアニア唯一の不凍港があるクライペダ地方をやむなくドイツに譲渡。さらにヒトラーは、八月になると宿敵のスターリンと電撃的に「独ソ不可侵条約」を結んでポーランドを割譲。西半分はドイツ、東半分とバルト沿岸国はソ連が支配するという密約を交わした。この密約が後に、どれほどバルト三国を苦しめることになったことだろう。

九月にポーランドに攻め入ったドイツに対して、イギリスとフランスが宣戦布告して、第二次世界大戦が始まった。それに対してバルト三国はすぐさま中立を宣言をする。

第二次大戦が始まったニュースを聞いたリトアニアの人々は、「いったいドイツとロシア、どっちがましなのか?」という問いに誰も答えを出せず、この先どういう事態になるか予想がつかなかった。カウナスの大通りに集まっては食料をどれくらい確保しておくべきか、職場はどうなるのか、どの大使館へ行けばヴィザがもらえそうかと情報交換をするしかなかった。

カイリースら市の幹部は市民がパニックに陥らぬよう奔走したが、事態は緊迫の度合を増すばかりだった。スメトナ大統領は、こうした状況を見越してか、辞職すると家族とともに早々にドイツへ亡命してしまった。

一九四〇年、ソ連はドイツがフランスと戦っているすきに、エストニア、ラトヴィア、リトアニアへ軍隊を送り、次々に占領していく。七月にはみせかけの国民投票が行われ、みせかけの歓喜と拍手のうちにソ連併合が決まった。

その日から反対者の虐殺や無差別に近い人狩りが始まった。ソ連のかいらい政権となったリトアニア人民政府と秘密警察は、前政府の幹部を家族もろとも逮捕してシベリアへ追放した。すでに一九三九年の八月からソ連内務人民委員会は、軍事捕虜と抑留者の管理局をつくり、大量の市民をシベリアへ運ぶ準備を整えていた。第二次大戦後、満州からシベリアへ連れて行かれた日本人も同じ管理局に委ねられた。

続いてソ連軍は宗教教育を禁止し神学校を封鎖、カトリック神父の弾圧、出版物の発行停止、図書館の蔵書を焼くなど文化の破壊に乗りだした。ポーランド人、ユダヤ人の反政府団体を襲って名簿を取り上げ、一斉捜査を開始した。検挙は夜のとばりが降りてから始まり、朝にはたくさんの人が消えていた。聖職者やインテリらは問答無用に処刑されたり、シベリアやさらに極寒の極地へ流刑された。

一九四一年六月十四日。最も美しいはずの夏の一日、この日をリトアニアの国民は決して忘れないだろう。シベリアに向けて、市民の最初の計画的大量輸送が始まったのである。その後、短期間ながらナチス・ドイツがリトアニアを占領するが、彼らが敗走していくと再びソ連軍が戻ってきてシベリア追放を再開した。そのため、一九四四年から一九五三年の一〇年間にシベリア各地の強制労働施設へ送りこまれた人々は約一一万八〇〇〇人にのぼった。この中には三万九〇〇〇人の幼い子供も含まれていて、彼らは最初の冬に食料と医薬品の不足でほとんどが亡くなってしまった。シベリア追放は、ラトヴィアやエストニアでも同様に行われた。かろうじて生き残り祖国に戻ってきた生還者からは、日本人の抑留者が収監されていたことや、作業を助け合った話を聞くこともある。

杉原千畝の功績と記憶

ヒトラーとスターリンによる理不尽で暴力的な領土分割が続いた一九三〇年代から、多くのポーランド系ユダヤ人たちは、まさに「前門の虎、後門の狼」にはさまれた危機的状況に追い込まれ、リトアニアへ続々と避難してきた。その難民たちに日本の通過ヴィザを発給し、苦境から救ったのが当時のリトアニアで日本領事代行を務めていた杉原千畝（一九〇〇～一九八六）であった。

杉原は、一九三九年九月、リトアニア共和国の臨時首都カウナスに赴任してきたが、

当時の様子を再現してある杉原の仕事机

その直前までフィンランドの日本大使館で公使代理を務めながらソヴィエトに関する諜報活動をしていた。というのも一九三九年にはノモンハン事件（註・一九三九年五月〜九月にかけて日本の帝国陸軍とソヴィエトの赤軍が、満州国とモンゴル人民共和国との国境で武力衝突した事件）が起こり、八月に独ソ不可侵条約が結ばれたように、日本にとってソ連とドイツ、双方の動きに目が離せない状況が続いていたからだ。

そこで、日本の外務省はロシア通でロシア語の堪能な杉原を、在留邦人が住んでいないにもかかわらずリトアニアに領事代行として送り込み、ドイツとソ連が参戦する可能性を探るよう、情報を集めさせたのである。つまり、領事館はカムフラージュ、見せかけにすぎなかった。

彼の名前が後世に残ったのはこの密命のためではない。日本の通過ヴィザをユダヤ人たちに発給してホロコーストから命を救った、その人道的行為が高く評価されたのである。

なぜ、杉原が日本の通過ヴィザを発給できたかと言えば、カウナスでオランダの名誉総領事を務めていたヤン・ツヴァルティンディーク（一八九六～一九七六）が、日本を通過した後にユダヤ人たちが渡る目的地としてオランダ領キュラソーのヴィザを発給して、彼らの行く先を保証したからだ。このツヴァルティンディークとの連携プレイによって、一九三九年九月にナチス・ドイツが攻め込んだポーランドから中立国のリトアニアへ避難してきた多くのユダヤ人の命が救われた。

杉原自身の回想によると、一九四〇年七月のある朝早く、領事館に疲労困憊したポーランド系ユダヤ人が大勢押しかけてきた。口々にヴィザの発給を求めて領事館を取り囲み、騒ぎは何日も続いた。ポーランドとのパイプが太く、ユダヤ人に対するドイツの非人道的な処遇、そして彼らを待ち受ける窮状を察知していた彼にとっては予期した事態だったのだろう。

杉原は、外務省にヴィザ発給の許可を打電する。だが、当時の日本政府はヨーロッパからの難民の受け入れに関心をあまり示さず、杉原からの打診にも色よい返事をしなかった。

一九四〇年六月にソ連軍がリトアニアに進駐してきた。外国公館を封鎖して、外交官等に強制退去を迫る中で、杉原にはもう時間がなかった。そこで、彼は外務省の訓令を無視して日本の通過ヴィザの発行を決断する。

在任中、諜報員としても働いていた彼は、ポーランド側からの高度な情報と引き替えに通過ヴィザを発給したという説もあれば、これだけ多くの難民をシベリア経由ではるか日本まで送るのに、日本政府が何も知らないということはありえず、あらゆるネットワークと綿密な計画のもとに〝命のヴィザ〟は発給されたとみる研究者もいる。この件に関しては関連書が日本でも海外でも出版されているので、興味のある方はぜひ読んで頂きたい。

複雑な背景はともかく、杉原は、日本を経由して第三国に逃れるユダヤ人のために二〇〇〇通余りのヴィザを発行し続けた。カウナスを退去するよう命令が出た時も、乗り込んだ列車が発車する直前までヴィザにサインをし続けたと言われている。杉原のヴィザを持ってリトアニアを脱出した難民はシベリアの旅を経てナホトカへ。そこから船で日本の福井県にある敦賀港に到着して、さらに第三国へ渡りホロコーストをまぬがれたのだった。

戦後、杉原本人が「私自身の人間としての正義感、人類への愛から行動した」と回想しているように、彼の人道的な行動は生き残りのユダヤ人によって語り継がれて世界中に知れ渡った。一九八五年イスラエル政府は、外国人に対する最高の栄誉である「諸国民の中の正義の人」の称号を杉原に与えた。

ヴィルニュスには杉原の出身校の早稲田大学が、二〇〇一年に建てた記念碑と寄贈されたサクラが、また、カウナスには日本との友好を記念したサクラの木々が、ネムナス川のほとりで四月の終わりから五月初めにかけて満開の花をつける。ヴィルニュスでもカウナスでもすっかり市民のための憩いの公園になっている。ヴィルニュスには杉原千畝の名前がついた通りまである。

カウナス市の中心部からはずれたヴァイジュガント通り三十番地に建っているのが「杉原記念博物館」だ。かつて日本領事館だった三階建ての家を財団が管理をし、年間七〇〇〇人ほどの来場者を迎えている。そのほとんどは日本からの観光客だが、各国のユダヤ系の訪問者も少しずつ増えているようだ。

二〇一七年に、日本の塗装業者たちのボランティア支援で屋根の修理や外壁の塗装が行われ、すっかり外観が整った記念館は、閑静な住宅街の中にひっそりとたたずんでいる。看板や標示板もないため探しにくいのだが、地元の人びとは心得たもので迷い顔のアジア人を見つけると、記念館への行き方を教えてくれる。

玄関を入ると、右手に領事の執務室が当時のままに保存され、彼が使ったタイプライターのレプリカと〝命のヴィザ〟の写しが置いてある。窓際には平和を祈念した千羽鶴のレイ、奥の壁にはオランダのツヴァルティンディーク名誉総領事の写真も、以前は掲げられていた。奥には映写室と展示室があり、人権派外交官の功績を、日本語、リトアニア語、英語で解説したパネルが並ぶ。

玄関ホールに杉原の写真が大きく伸ばして掲げてあった。端正な面長の顔を眺めながら、ヴィザを発給した経過や当時の心境を問いかけたくなるが、彼の口元に漂う含み笑いのような表情が印象的である。記念館から出て裏手に回ると、杉原本人が植えたというりんごの木が天を向いて立っていた。今となってはこの樹木だけがヴィザの顛末を目撃している唯一の生き証人である。

第八章　カイリースの晩年とその評価

カウナスの水道水

リトアニア共和国が一九一八年に国家を再建してから第二次大戦の最中にかけて、カイリースはどんな暮らしを送っていたのだろうか。

彼が、エンジニアとして働いた市役所や水道局のほか、教授として働いた大学も彼の墓も、そして功績を顕彰した胸像も、すべてカウナスにある。そこで私は、カウナスを訪れた際に、何度か関係者にインタビューを試みた。

二〇〇四年に訪れたときは、外国人観光客が集まる目抜き通りや観光スポットの旧市街からはずれると、街灯も少ない暗い通りに灰色の建物が並び、地味というより威圧的な社会主義の残滓が街角にこびりついていた。

自由でリラックスした雰囲気があふれるカウナス市街

ところが六年ぶりに訪れた時は、ソ連時代のアパートはパステル色に塗られ、ガラスを多用した新しいデザインのオフィスビルが増え、目抜き通りには私たちにもおなじみの西欧のブランドブティックやショッピングモールが連なり、家族連れがポップコーン片手にショッピングを楽しんでいた。若者のファッションは相変わらずカジュアルなままだったけれど、それでもカプチーノを頼めば、表面の泡にハートや文字を描いたカップを笑顔のウェイトレスが運んできた。

ソ連時代には個人経営の専門店は廃業させられたので、パンや生活必需品は市場かコープで買うもの、と決まっていたそうだが、おしゃれな外観の個人経営の店やレス

カイリースの胸像を前にしたクリシチューナスさん

トランがちらほらできていた（現在の街の様子は、西欧各国と比べても遜色なく、清潔で整然とした街並みが続く）。

翌日、工学部で教鞭をとったカイリースを顕彰して、学部内にオブジェを設置しているヴィータウタス・マグヌス大学へ行った。その後、研究室でブリーフィングを受け、翌朝、水道学の権威ブロニュス・クリシチューナスさんの案内を請い、カイリースの胸像が建つカウナス市水道局を訪れた。長身で巨漢のクリシチューナスさんは「ようこそ」と言って手を握ってくれたが、その力の強いこと。あまりの握力に、手を捕まれたまま宙に体が浮き上がったような錯覚を覚えた。

オークシュタイチュ通り四十三番地に建つ水道局は、ポプラのまばらな並木が影を落とす道沿い一画を占めていた。玄関の脇で、胸像となったカイリースは思索を続けながら祖国を見守っているように見えた。晩年のカイリースをモデルにして製作されたものだという。私が、ヴィルニュスの図書館で見た肖像写真は二十代だったせいか、夢見がちなまなざしで遠くを見つめていた。それに比べると、口ひげをたくわえみけんにたて皺が入り、長い亡命生活の憂いが表情に貼り付いている。

「彼は真の愛国者でした、精一杯、人びとのためになる活動を続けていたんです」

クリシチューナスさんは、胸像の横顔を見つめながら、「アチュ……アチュ」（有り難う）とつぶやいた。

そこへ水道局の職員が笑顔でやってきて冷たい水の入ったグラスを差し出す。クリシチューナスさんが私たちに声をかけた。

「ぜひ飲んでみて下さい」

カイリースの発案で取水された地下水源の水道水だ。

「カウナスの水道水は世界で一番美味しいですよ」（クリシチューナスさん）

その言葉通り、グラスに入った透明な液体は、くせのない清流のようで、体内を浄化してくれるような飲み心地であった。

カイリースが上下水道の整備に乗り出す前のカウナスは、木製の古い水道管が一部で機能していたものの、ほとんどの市民はネムナス河の水を直接汲んで飲料にしていた。毎日の水汲みの仕事は大変な重労働で、女性たちの大きな負担になっていた。下水道設備もまだなかったので疫病が広がりやすく、乳幼児の死亡率も高く、およそ文明的な都市とは言えなかった。

「カイリースは実に仕事熱心な男でした。上下水道建設の時はずっと現場にいて労働者たちとも気軽に話すし、市民には水道や衛生の知識をそれは熱心に教えていた。カウナスに遺した仕事は、政治方面より功績が大きいかもしれません」

こう語るクリシチューナスさんは、もともと市の水道局職員だったが、カイリースの秘書兼運転手を勤めていた人物とたまたま同郷だったために、カイリース自身が語った想い出話や私生活についても詳しく知ることになった。

「一九一九年から、カウナスは臨時首都となったため人口が急に増えたのです。それに対してインフラがまるで追いついていなかった。そこへ、カイリースが乗り込んできて、大切な水の問題を解決した。彼はカウナス市民の恩人なのです」

下水道が救った命

市役所のエンジニアとして勤め始めたカイリースは、一九二三年にベルリンへ上下水道施設の視察に出かけ、翌年に英国人のコンサルタントを招聘して大規模な上下水道工事を始めた。彼は都市の環境問題として水の有効利用を考え、郊外の地下水層に目をつけてこれを飲料水として活用。市民に夏も冷たい清涼な水を確保すると、次に下水道の施設を設計し工事にとりかかった。約三〇〇キロメートルにおよぶ下水道施設の設計図は、水道局の敷地内にある博物館に保存され、工事現場で陣頭指揮するカイリースの写真も数枚展示してあった。

「今でこそ、ステポナス・カイリースの功績だと、正確に彼の名前を公言できますが、ソ連時代は〝カミンスカス〟という偽名で呼んでいました。彼はソ連当局のブラックリストに載っている人物でしたから、公の場で名前を出すのは禁じられていたのです」

クリシチューナスさんは次に蜘蛛の巣のように張り巡らしてある下水道設計図の前に立った。

「これが彼の設計した下水道網です。一九四一年から一九四四年まではナチス・ドイツに、それ以降、一九九〇年まではソ連によってバルト三国は占領されてきたでしょう？　ナチス・ドイツやソ連の両方から命を狙われていた多くの活動家やユダヤ人は一九四〇年前後にカイリースが設計した下水道を伝わって国外に脱出しました。カイリースが、ひそかにユダヤ教のラビや青年活動家たちに下水道の設計図を渡したんです。そのおかげで多くの人が助かったのですよ」

カイリースの設計監督のもとに行われたカウナス市の下水道工事

ソ連兵やドイツ兵がリトアニアに侵攻してきた状況を、元リトアニア大統領のヴァルダス・アダムクス（在任一九九八～二〇〇三、二〇〇四～二〇〇九）は自伝の中で印象的に綴っている。

「ドイツ兵はロシア兵とはまったく異なっていた、ピカピカの軍靴、清潔な制服、すべての兵がキリッと引き締まり、堂々としていた。彼らが立ち止まった場所には洗濯したての石鹸の匂いが漂った。実際、外国の軍隊ではあるが、少なくとも文明化された民族の軍隊がやって来たと人々は思った。ところがすぐに失望がやってきた。（中略）ドイツ人が解放者でないことがハッキリした。要するに、一つの占領から同じく残忍で破壊的な別の占領に変わったにすぎなかった」

（『リトアニア　わが運命』　ヴァルダス・アダムクス著　村田郁夫訳）

ドイツが占領したわずか三年間で、リトアニア国内に二五万人いたユダヤ人は二〇〇〇人ほどに減ってしまった。バルト三国で昔から商業や金融にたずさわってきたユダヤ人は、ソ連からもナチス・ドイツからも、そしてソ連の占領期間にその手先となって働いたことを恨まれて市民たちからも迫害に遭って、未曾有の犠牲者を出した。リトアニアとユダヤ人との間の暗く不幸な歴史だといえよう。

一方で、解放運動を続けていた愛国者や活動家たちは秘密のアジトを転々としながら大量の印刷物を刷り、ユダヤ人をかくまい抵抗し続けた。カイリースもその一人で、彼はゲシュタポの追っ手から活動家やユダヤ人を逃がすために、日頃から病院で亡くなった人のパスポートを集めておき、それを偽造して国外脱出に手を貸した。

一九四二年にカイリースは、若者たちを強制労働のためにドイツ各地へ送る政策に正面切って反対し、教え子たちを守ろうとしたため逮捕される。翌年釈放されると、仲間とともにただちにリトアニア解放委員会を結成してナチズムに対抗、そのため一九四四年からはゲシュタポに狙われる逃亡生活が始まった。

亡命と流刑

「教授、逃げて下さい、偽名のパスポートも用意しました、スウェーデンの同志にも連絡はついています」

仲間たちは、カイリースに「カミンスカス」という名を与え中立国スウェーデンへの脱出計画を整えた。

一九四四年の夏の夜だった。かぎりなく甘くかぐわしい夏の夜風が、波頭を撫でて吹き抜けていた。西部の海岸から夜の闇にまぎれて小さな漁船を出し、対岸のス

118 brėž. Kanalo klojimo eiga.
120 pieš. Vamzdžių sudurimų išbaigimas.

下水道は人間が通れるほどのサイズだったので、逃亡に使われた

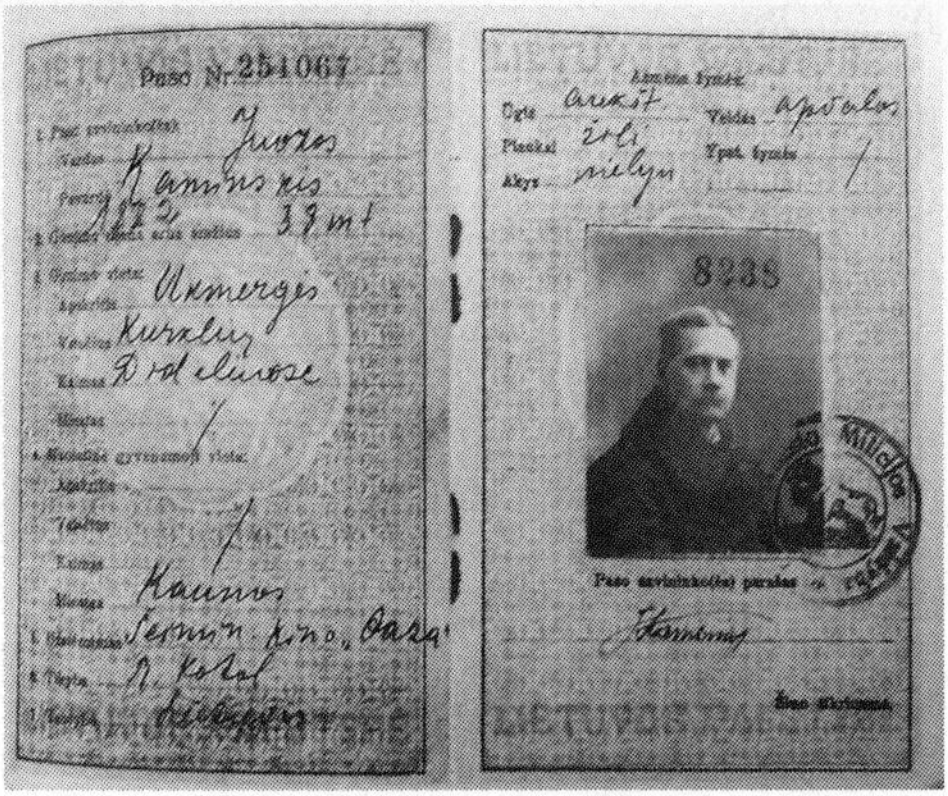

カミンスカスと書かれたカイリースの偽造パスポート

ウェーデンを目指したところ、沖合でドイツ軍の哨戒艇に怪しまれ、漁船はやむなくエンジンを停める。

「先生、早く書類を始末して下さい！早く！」

助手が叫ぶ。カイリースは慌ててリトアニア解放委員会の資料とナイフなどの武器を海中に沈めた。緊迫した闇を蹴散らして哨戒艇が漁船に横づけし、屈強なドイツ兵が乗り込んできた。凍りつくようなまなざしで彼らは不審者を眺める。

「リトアニアの漁師だ」とパスポートを提示して言い張ったものの、ドイツ兵は聞く耳を持たなかった。カイリースらはその場で拘束され、ラトヴィアにある刑務所に送られた。

もはやこれまで……と観念せざるを得なかったのだが、秋になると雲行きが急に変わった。ドイツ軍の敗色が濃くなり、バルト三国から撤退し始めたのである。ラトヴィアの刑務所で服役していたカイリースたちにも大きな変化があった。ソ連がドイツ国境を突破して進撃、その混乱に乗じて収容所から放り出された。

ドイツ軍は去ったものの、代わりにまたあの恐ろしいソ連軍がやって来た！　恐怖にとらわれた人々は、敗走するドイツ軍と交渉して武器を貯え、若者たちはパルチザン運動へ走った。さらには、西側各国の親戚を頼って脱出を始める者、ひとまずドイツ国内の難民収容所へ逃れる者など、バルト三国はどこも混乱状態におちいった。

カイリースは、ラトヴィアからポーランドのグダンスクまでなんとか陸路で逃走し、パスポートをつくり直して、ベルリンの難民収容所に命からがらたどりついた。

第二次大戦終了直前に侵入してきたソ連軍はそのまま居座り、結局バルト三国はソヴィエト連邦下の社会主義国となって戦後の日々を送ることになった。ベルリンの難民収容所にたどりついて命拾いをしたカイリースは、祖国で起きていることをアメリカやイギリス、ドイツのラジオ放送で知り愕然とするが、もはや帰国のすべはなかった。

ソ連は大量のロシア人をリトアニアへ送り込むと同時に、ドイツに協力した人や政府の要人、非共産党員、独立活動家、学生、非協力的な農民、パルチザン、司祭、インテリの粛正に乗り出した。そのおぞましいまでの手口は、ヴィルニュスの通称「KGB記念博物館」に残る拷問室や処刑室に今もはっきりと見て取れる。ここで命を落とした多くの人々の名前は建物の外壁に刻まれ、ソ連占領時代を永遠に告発している。また、建物の二階には特別公文書館があって、KGBによってとらわれた政治犯やシベリアへ追放された市民たちに関する個人情報、すなわち、尋問のときの調書や判決のほか、生年月日から家族歴、学歴、職歴、居住歴、過去の行いや発言記録までが記された膨大な数のファイルが保存されている。ヴィルニュスを訪れることがあったら、ぜひ見学して欲しい場所の一つである。

私はこの記念博物館で、旧ソ連の統治下でシベリア流刑に遭ったり、KGBになぶり殺された市民の身に起こった恐ろしい迫害の模様を見聞きし、戦後日本から中華民国の統治下に入った台湾で、蒋介石政権下に行われた白色テロの被害者たちの体験談を思い出さずにはいられなかった。

ソ連の秘密警察が、多くの人々を密告や盗聴手段を使って検挙し、拷問して運命をもてあそぶ手法は、台湾の元政治犯から聴いた話と寸分違わず、恐怖が倍増した。実際、バルト三国の旅行から戻り、その見聞を台湾の友人たちに話したところ、思ったよりずっと多くの台湾人が、観光客としてかの地を訪れていることを知った。

台湾の人々は明らかに、日本人よりも小国の歴史に関心をもっている。一見、何の関係もないバルト三国と台湾のように見えるが、どちらも隣りに位置する大国の、理不尽で横暴な脅しやいやがらせを常に受けながらも、民主、人権、自由の価値を大切にして精一杯対抗している。自分たちの国家を取り戻そうと行動に出た多くの民衆の心情は、バルト三国だけでなく、帝政ロシアから旧ソ連に連なる抑圧の歴史を持つ小国、そして中国という大国の圧力にさらされているアジアの小国や少数民族にも共通だ。すでに世界が注目しているように、虐げられた民族は、アイデンティティーや人権を守る努力を忘れない、それはまさに現代のウクライナにも脈打っている。

妻の過酷な運命

カイリースの帰りを待ちわびていた妻のオナは一九四八年にシベリアへ流刑されてしまったのだが、彼がその事実を知るのはずっと後のことだった。一九四三年から一九五三年の一〇年間に、リトアニアからは、約一一万八〇〇〇人の市民がシベリアへ送られた、と言われている。

二五年が最長の拘留期間だった強制労働キャンプは、クラスノヤルスク、イルクーツク、トムスクをはじめ、北極圏にまで数多く建てられ、数えきれぬほど多くの人々

カイリースの妻オナ

が極寒の大地に骨を埋めることになった。

「生きてさえいれば、いつか必ずよいことがあるだろう……」

そうした人々の希望をどれほどナチス・ドイツとソ連は裏切ったことだろうか。

一九五一年、カイリースは甥の一家に身元引受人になってもらい、アメリカへの亡命を決意した。愛する妻の身の上を案じながら、家財も想い出も職歴もすべてを放棄しての悲痛な旅立ちだった。

一方、妻のオナはドイツの難民収容所で暮らす夫と連絡も取れぬまま、たった一時間の出発準備時間を与えられただけで、家畜運搬用の貨車に詰め込まれて極寒のシベリアにある強制労働施設へ運ばれた。判決は八年の流刑。その絶望感ははかりしれぬものだった。

流刑者たちを待ち受けていたのは、一日にわずかのパンとトウモロコシのゆで汁のようなスープ、塩漬けの魚といった粗末な食事、零下二〇度を下回る吹きさらしの荒れ地での長時間労働だった。ラーゲリ内の暖房や水道はしょっちゅう止まり、窓の隙間から吹雪が舞い込んでくる宿舎で、人々は一日を生き抜くことで精一杯だった。

オナのもとへはＫＧＢがひんぱんに訪ねてきて、アメリカにいるカイリースを呼び寄せるよう、面会を懇願する手紙を書くように迫った。終戦直後のソ連は専門知識を持ったエンジニアが一人でも欲しかったのである。

「いつまでも強情を張っていていいのかね、ご主人の過去の反ソ行為は不問にすると言ってるんだ、手紙さえ書いてくれればいい」

彼らは執拗に手紙の件を持ち出し、カイリースの帰国を催促するのだ。

「奥さん、あんたも早く家に帰りたいだろう？　それとも一生ここに居られるようしてやろうか？」

サディスト揃いのＫＧＢは、相手の感情をなぶるように精神的な圧力をかけてくる。だが、オナは負けなかった。憎しみや怒りが増殖しないよう、心のバランスを保つよう努力しながら拒否の態度を貫いた。すると業を煮やしたソ連当局は、強制的に離婚をさせて妻の座を奪い取り、オナを悲しみの谷底へ突き落とした。

一九五三年にスターリンが死ぬとじょじょにシベリアからの帰還が許され、一九五六年、オナもカウナスへようやく戻ることができた。八年ぶりに再会した親族が息をのんだのも無理はない。

「オナ……あなたなのね」

疲労困憊し苦渋の表情が貼りついた中年女性は、こう言われてたまらずに嗚咽をもらした。親族は紙のように薄くなった体を抱擁し、彼女が心身ともに健康を害していることを悟った。

オナはシベリアから戻れただけ幸運だったかもしれない。しかし、政治犯やその家族は帰国後も当局から監視や盗聴をされて、ほぼ軟禁状態の生活を強いられた。友人や親族に迷惑をかけまいとすれば、だんだんと周囲と疎遠になって孤独地獄へ陥ってしまう。そんな彼女を親身に世話したのが、カイリース財団理事長キルヴェリス氏の叔母だった。

「叔母とカイリース夫人は、若い頃から知り合いでしたし家がすぐそばだったので、晩年まで話し相手になっていました。オナさんはとうとうアメリカに出国もできず、寂しく亡くなったのです」（キルヴェリス理事長）

私はクルクレイ村で見せてもらった古いアルバムを思い出した。あの中にたしか新婚時代のスナップがあった。はちきれるほど健康で、輝くような笑顔の若い女性。なまめかしい体臭まで匂いそうな彼女のかたわらには、大学教授を務めていたカイリースが優しく微笑んでいた。おそらく妻のオナは、来る日も来る日もシベリアの地であのころの幸福な時代を反芻して、逆境に耐えていたに違いない。

カイリースの晩年

一方、アメリカへ亡命したカイリースは、ブルックリンに住む甥の家に同居してようやく落ちつきを取り戻したが、いっこうに消息がわからない愛妻オナと、ソ連の属国のようになった祖国の行く末を案じながら苦悩の難民生活を送っていた。

今までの心労がたたったのか、一九五二年にカイリースは第一回目の脳出血の発作に襲われる。退院後にリハビリを兼ねて回想録の執筆をする一方、リトアニアの解放支援をアメリカ政府に要請する活動やパルチザンへの金銭的支援を続けた。しかし、アメリカをはじめとする西側諸国は冷たかった。あろうことか、ソ連との宥和政策を理由にして、ベルリンのソ連占領地区に暮らしているリトアニアの人々を、東ドイツへ強制送還する暴挙にも手を貸した。「西側諸国がバルト三国を解放してくれる」という亡命者たちの切なる希望は、何度も砂糖菓子のように崩れ、溶解した。

一九六〇年になると、カイリースの健康状態は赤信号が灯るようになる。その年の一月に心筋梗塞で再び倒れ、十二月には糖尿病の悪化で片足を切断した。一命はとりとめたものの八〇歳という年齢はじょじょに彼の気力と体力を奪った。それでもカイリースはめげずに、幼なじみであり昔の同志だったスメトナの評伝にとりかかる。

すでに記したように、スメトナとカイリースは、一九一八年の国家再建あたりまでは、同志としてリトアニアのために働いていたが、だんだんに政治信条の違いがはっきりするようになり、関係は冷えていった。

スメトナが大統領を務めていた時代のリトアニアを、カイリースは〝警察国家のようだ〟とまで著書の中で書き、スメトナの権威的な政治手法を嫌った。また、一九四〇年にソ連が最後通牒を突きつけると、さっさと大統領を辞め家族とともに国外へ脱出したことにも愛国者のカイリースはひどく失望した。

結局、二人ともアメリカへ亡命したが二度と顔を合わすことはなかった。先にアメリカ暮らしを始めていたスメトナが、カイリースの到着前に火事にまきこまれて亡くなってしまったからだ。

異国で晩年を迎えたカイリースは、スメトナを客観的にとらえ自分なりに分析して後世に伝えたいとの思いがつのっていたようだ。もう残り時間がわずかであることを彼自身が悟っていたのだろうか。

心境を探る手立てはもはやないが、若い頃、ふたりがともに夢見た輝かしい祖国のためにも、評伝を完成させたいと願ったのだろう。評伝はいちおう一九六二年に書き上げたものの、すでにカイリースの記憶力は低下していたせいで、その内容には疑問の声が上がり始めた。残念なことに苦労して書きあげた原稿は行方不明になってしまい、スメトナの評伝は世に出ることはなかった。

彼がスメトナをどのように評価し、二人で駆け抜けたあの時代をどのように描きたかったかは謎のままである。

それでもカイリースは、こんどは回想録に挑戦してひとことひとことを刻むように執筆した。『リトアニア、あなたへ』と題した本は完成したが、執筆作業が彼の精神と肉体にダメージを与えたのだろう。カイリースは急速に進んだ病状の悪化にともなって、宗教団体のルター派が経営する病院へ転院した。

一九六四年十月十日。

カイリースの病室はスチームがしゅうしゅうと単調な音をたて、外界と隔絶した春霞のような気配が漂っていた。病室の窓の外では銀灰色の月が寝静まった街並みを照らしていた。街は十月の声を聞いてかすかな底冷えに包まれていた。その日、彼は、はるか遠い太平洋を隔てたヤポーニア（日本）から送られてくる映像を果たしてテレビで眺めることができたのだろうか？　第十八回東京オリンピックゲームの開会式。

アジアで初めて開かれる五輪は、第二次世界大戦で無条件降伏した日本が、再び国際社会に復帰したことを示す象徴的なイヴェントでもあった。

広島に原爆が投下された一九四五年八月六日に生まれた聖火ランナーが登場し、航空自衛隊ブルーインパルスが秋晴れの空に五輪を描くと、セレモニーはクライマックスを迎えた。若き日に輝く存在としてとらえたヤポーニアの、力強く復活した姿を、カイリース老人は見届けられたのだろうか。

日本が帝政ロシアを打ち破ったときの昂揚、「ヤポーニア」という文字を見るたび、聞くたびに魂を揺さぶられた日々、祖国の独立に青春を捧げた歳月を思い出してくれただろうか。

それから六〇日後、青春の熱き日々を東洋の見知らぬ国に託した老人は、転院先の病院で生涯を閉じた。再びリトアニアの輝ける夏の大気を胸一杯に吸うこともなく、柔らかな大地を踏みしめることもなく……。享年八十五歳だった。

遺骨は、祖国が独立回復を果たした一九九〇年からさらに六年後の九六年になってようやく帰りつき、遺言どおり、妻のオナが眠るリトアニア第二の都市カウナス市内の墓地に納められた。

カイリースの再評価

今から百年数十年前に、近代国家として歩み出したばかりの日本を、はるか遠くのバルト海沿岸の土地からまぶしげに眺めていたリトアニアの青年。ステポナス・カイリースはその後、日本から多くの教示と勇気を得て、愛国者として懸命に国のために尽くした。

だが、リトアニアがソ連に支配されていた時代は、彼の社会的貢献や若かりし頃の政治的活動、ましてやリトアニア語による最初の日本論を出版したことなど、だれも口にすることができず、歴史の水底にいつしか沈殿してしまっていた。実際、取材で出会った人のほとんどが、日本に関する著作をカイリースが若い頃に出版していたことを知らなかった。

この埋もれた偉人は、二十世紀のリトアニアの歴史にどのような影響を与えたのか？　現代のリトアニアが、顕彰するべき事績を残したのか？

そのことを確かめるために、第六章で登場頂いた「リトアニア歴史研究所」のラウリナヴィチュス博士のもとへ再度足を運んだ。

ヴィルニュス市内の奥まった通りに立つ研究所は、いかめしい名称の割には大学の同窓会館のような簡素な建物で、若者たちがひんぱんに出入りしている。博士の研究室におじゃまをすると、先日差し上げたおみやげのあられの包みとカイリースの日本論三部作が机の上に置いてあった。

「日本のライス・クラッカーは、あなたの言うとおりビールにぴったりだったよ」

教授はいたくご機嫌だった。

「ステポナス・カイリースという人物の評価は……実は最近になって始まったばかりなのです」

こう前置きしてから教授は説明を始めた。

一九九〇年の独立回復後、リトアニア政府は、ソ連時代に埋もれてしまった偉人や功労者を発掘する試みを始め、カイリースもその一人としてスポットがあたるようになった。没後三〇年にあたった一九九四年には、ヴィルニュスの市議会がドヴァルチョニス地区に「ステポナス・カイリース通り」を新設し、一九九六年には遺骨がアメリカから帰還したことはすでに述べたとおりだ。

「彼はひと言で言えば愛国者でした。社会民主主義を掲げながらも終生愛国的な路線を歩んだ信念の活動家です」

若い頃に社会主義にかぶれたものの、カイリースは反ロシア、反共産主義の立場を貫いた。

「青年時代の彼の心に、ナショナリズムが大きくふくらんだきっかけは、間違いなく日露戦争とロシア革命でしょう。それがもとで国家を建て直す愛国的な運動に深くかかわり、日本論を執筆したのです。そのように考えれば、ヤポーニアは間接的ながらリトアニアの独立に関与したと言えますね」

一九〇五年にロシアが日本に惨敗すると、知識人や学生たちの間に一気にナショナリズムが盛り上がった。一九一七年にロシア革命が起きると、独立派の夢は現実となる。

アメリカから帰国したカイリースの遺骨

だが、リトアニアの国家再建を目指す政治家や活動家たちは考え方の違いによって、以下の三つの勢力に分かれた。

一、ソ連と親和しながら自治を拡大する親ロ派

二、リトアニア語を使うリ

トアニア人だけの国をつくる民族派
三、ドイツ人の王を立てた立憲君主国をめざす親独派
生臭い政争を嫌い、既成のイデオロギーを超えて考えをめぐらしていたカイリースは、これらどの案にも賛成をしていなかった。

「ポーランドとリトアニアの長い歴史や伝統を踏まえれば大連合も可能、という彼の意見は、イデオロギーよりもそこに住む人間や目の前の営みを中心に据えていたと言えるでしょう」

ラウリナヴィチュス博士は、若きカイリースがリトアニアの独立を目指して、ポーランド共和国の初代元首となったユゼフ・ピウスツキ（一八六七～一九三五）と接触したのも、ユダヤ人を含むさまざまの民族が融和した多民族国家をつくって、ナチズムとロシアに対抗しようという共通の認識があったからだという。

「このスタンスが誤解を呼んだのではないでしょうか。結局、左派からも右派からも、どっちつかずと思われてしまったのです。人間の自由や博愛を考える彼の思想こそ、実はヨーロッパ社会民主主義の基本なんですがね」

ラウリナヴィチュス博士はカイリースの著作を手に取って話を続ける。

「彼の日本論が出る前、ヨーロッパではウキヨエ、サムライなど日本のエキゾチック

な面ばかり喧伝されていましたが、カイリースはまったく新しい近代国家としての日本へ憧憬をつのらせた。明治維新のこと、憲法のこと、議会制のこと、どれもリトアニア人が知らなかったことばかりです。そこで、日本の改革を多くの同胞にリトアニア語で知らせたいと努力した。これがナショナリストたるカイリースの、大きな功績です」

そしてさらに言葉を続ける。

「日露戦争の結果、大きな注目が集まっていた日本を紹介したこの本は、ニッポン論としてはなかなか興味深い読み物です。ただ、当時の彼の視点はロシアの開明派の影響が強いのです。日本の良い点も悪い点もロシアが基準になって語られている」

このあたりが限界だと言いたいのだろう。

当時のエリートは徹底してロシア式の教育を受けていたから、無意識のうちにロシア人のような発言をしている箇所もあるという。

——ところで教授は日露戦争で日本が勝利を収めた理由をどうお考えですか？

「祖母はそこまで話してくれなかったなあ（笑）、しかしカイリースも言うように……」

——エッ？　博士のお祖母様は日露戦争の話を孫たちになさったのですか？

「ええ、子供の頃、祖母から日露戦争の話を何度も聞かされました。祖母の一番上の兄が徴兵されて〝マンチューリ〟の戦場へ送られたのです」

ラウリナヴィチュス博士は、シェークスピア劇の役者のように、「マンチューリ」(満州)と重々しく発音してみせる。彼の祖母は幼い孫にどんな話しをしたのだろうか?

「戦争の残酷さ、肉弾戦の恐ろしさです。恐怖と好奇心の半々で聞いていましたが、子供の頃はマンチューリがどこにあるかも知りませんし、極東という世界自体、想像もつきませんでした。それなのに、不思議なことですが〝マンチューリ〟という響きだけは今もはっきり記憶に焼きついています。あ、それでヤポーニアの勝因をどう考えるかという質問でしたね」

——はい、歴史の専門家からご意見を伺えれば有り難いのですが……。

「ヤポーニアがあの戦争で勝てたのは、ロシアより民主化されていたし科学も進んでいたからでしょう。敗因はロシアの国内事情にもありました。すでに帝政が内部崩壊し始めていたし、戦場が遥か遠くの極東だったため、国民が一丸となって非常時に当たるという意識がありませんでした。ロシアは常にプロイセンを仮想敵国にしていましたからね」

最後に、博士は腕と足を組み直しあらたまった調子でしめくくった。

「カイリースの書いたニッポン論は、我々歴史学者がもっと研究すべき資料かもしれません」

カイリースの蒔いた種はその後、地道に日本研究を積み重ねている専門家や日本語を学習する若い学生たちに引き継がれ、立派に育っている。彼らはすでに未来への架け橋となって日本とリトアニアの絆を深めてくれている。両国の専門家や歴史学者が、ステポナス・カイリースの研究や日本とリトアニアの交流史を、さらに深めてくれることを期待したい。

終章　ヤポーニアのサクラ

将来は、サクラ通りを

二〇二二年十一月。コロナ渦が収まってきたリトアニアを四年ぶりに訪れた私は、翻訳者の瀬戸はるかさんとともにアニークシャイ市へ向かった。

その日、朝の九時に宿泊先のホテルにアニークシャイ市から迎えの車がやってきた。市職員のモニカ・ビリューネさんが明るい声で挨拶をする。太陽のような人々……私は初めてアニークシャイを訪れた時の印象が瞬時に甦った。

いつものようにヴィルニュスの中心街を抜けて高速道路A2へ入る。するとすぐに森が始まったように記憶していたのだが、街並みが広がってきたのか団地のようなアパートや工場が続き、ようやくリトアニア特有のシラカバや針葉樹が混ざり合う景色に変わった。今回は寒さが厳しいため車の窓を閉めているので、森特有のフィトンチッドの香りが楽しめない。

訪問の目的は二つあった。ひとつは、二〇二〇年四月にNPO法人「育桜会」の協力によって植樹された二〇本のサクラの苗木に会いに行くこと。EU圏の植物検疫の関係で、日本から直接苗木を持ち込むことはできない。しかも寒冷な地でも確実に育つ品種と言うことで、『育桜会』ではわざわざドイツから苗木を取り寄せてくれた。それらが元気に育っているかを確かめたかった。そしてもうひとつはアニークシャイ市長や市の幹部の皆さんと、今後の国際交流の計画を話し合うことである。

車はあっというまにアニークシャイ市へと到着し、最初に私たちは市立図書館へ向かった。そこで待っていたオベレヴィチュス市長や観光文化課長、図書館長らは、大きく両腕を広げて私たちを迎えた。「グータッチ」は必要ないらしい。会議室にはすでにクッキーなどが用意され、座るなり温かなお茶を頂き、芯まで冷えている身体が目覚め、私はようやく饒舌になった。

日本とアニークシャイ市との今後の交流について、市の幹部らが熱く語り出した。すなわち、リトアニア初の、日本に関する著作を発表したステポナス・カイリースを友好の証しとして、サクラの季節に双方が協力し合って文化交流や市民の親睦を図るイベントが開けないかというものだ。

「もちろんすぐに、というわけではありませんが、サクラの木が日本から寄贈されたそもそもの理由を市民たちに知らしめたいし、市の目抜き通りをゆくゆくはサクラ通りにしたいと考えています」

街で一番大きなフルーツワイン醸造所が、サクラを植えてくれたことを市長は嬉しそうに話し、サクラ通りの構想を披露した。植物学者でもある彼は、ことのほかサクラに愛情を寄せてくれている様子だし、図書館や市政府の皆さんも、日本のサクラの美しさを、すでに写真集やインターネットなどで十二分に知っている。

観光文化課の職員も、今後はできることから始め、カイリースが一〇〇年以上前に紹介したヤポーニア（日本）を市民に広く知らせ、現代の日本を理解するためのさまざまな展示や催しができれば……と抱負を語ってくれた。カイリースの生まれ故郷の村を郊外に擁するアニークシャイ市で、日本のシンボルのサクラを通じて交流ができれば、カイリースも喜んでくれるに違いない。

「育桜会」によって寄贈されたサクラはドイツ産だが、植えたとたんに日本のサクラとなる。サクラの持つ文化的アイコンとしてのパワーは、つくづく不思議である。

リトアニアの桜守たち

市長らとなごやかに昼食をとった後、私たちは植樹の現場を訪れた。まず、カイリースの記念碑が建つウジュネヴェジェイ村へ。車から外へ出ると灰色の景色の中を雪交じりの寒風が吹き荒れている。

「わー！　寒すぎる！」

思わず身体が縮んだ。新型コロナウィルスの感染防止のためのマスクが、いつのまにか防寒役をしてくれている。外気温はマイナス一〇度ほどだというのに、マスクをつけているのは私だけ。我々の到着を辛抱強く待っていてくれたカイリースの姪の長女にあたるビルーテさん、私たちと市長とをつないでくれたカイリース学校の元副校長のラサ・チェルニャウスカイさんらが手を振っている。

彼らとは四年ぶりの再会だ。私たちはここでも、コロナウィルスのことをすっかり忘れて抱擁した。そして急いで記念碑のそばへ行き、苗木の様子を確かめた。二メートルほどに育っている二本の苗木が寒風に枝先を揺らしながら健気に立っていた。

「ほうら、元気でしょう？　四月にはふたつみっつ、すでに花が咲いたんですよ」

ビルーテさんは嬉しそうだ。リトアニアで初の日本論を書いたカイリースの記念碑の脇で、日本の象徴であるサクラの苗木が育っていることに、私は言葉にならない感慨を覚えた。

「さあ、寒いから次のクルクレイへ移動しましょう。桜守の皆さんが待っていてくださるのよ」

案内役のラサさんにそう促されて、私たちは懐かしいカイリース小中学校へと向かう。このあたりでも子供の数が年々減っていて、二〇一五年に訪れた時より学校は半分の規模に縮小された。その跡地に、一八本の苗木が円陣を描いて植えられていた。

クルクレイ村のカイリース学校に植樹した桜の苗木と桜守たち

クルクレイ村の有志、つまり桜守の皆さんは凍るように寒い中、私たちの到着を待っていてくれた。彼らは私の手を取り、ステンレスのプレートのもとへと導く。そこには、リトアニア語と日本語で植樹のいわれと寄贈者の「育桜会」の名前が刻印されていた。

一八本のサクラの苗木は、ここでもふっくらした赤茶色の芽をつけて、灰色の空に向かい枝を伸ばしていた。

すると、あの〝日出ずる国からようこそ！〟と初対面の時に声を掛けてくれた村長のユルクスさんがこう説明してくれた。

「円陣のような形に植えたイミ、わかりますか？　日本の日の丸のデザインを参考にしたんですよ。一〇年ほど経ったら、見事なサクラが日本の国旗のように丸い形になって花をつける。それを雲の上からカイリースに見てもらいたいのです」

なるほど！　空から眺めれば、円陣になって咲き誇るサクラが、大地に広げた日の丸に見えそうだ。その説明を聞いて、ドローンを飛ばして撮影したクルクレイ村の満開の桜の映像が頭に浮かんだ。カイリースの故郷にはためく桜色の日の丸の姿を。

村長さんはさらに、プレートの脇にある象牙色の大きな石を指してこうも話す。

「これはカイリースの魂に座ってもらう椅子なの。彼のためにちゃんと花見の席を設けてあるんです」

なんという心配りだろうか。サクラが満開に咲く光景が、もう目に浮かぶ。

「風が強くなってきたから、中に入りましょう」ラサさんに促されて、私たちはユルクスさんが用意してくれたサクランボのリキュールで身体を温めに、校舎へと向かった。

私は桜守たちが用意してくれたカイリースのための椅子をもう一度見やりながら、リトアニアでは、死者は常に雲の上から生者を見守っていると話してくれたロムヴァの祭司の言葉をかみしめた。カイリースの魂も、きっとサクラが満開になったら、雲の上から降りてきて、地元の人々とともに花見に興じるのだろう。私たち日本人もぜひ、その輪に加わりたい。

あとがき

日本から六〇〇〇キロも離れているリトアニアとご縁が出来て、すでに一五年以上になる。嬉しいことに最近、リトアニアへの関心がかなり高まってきて、「旅をしてみたい」という声を、周囲でもよく聞くようになった。

リトアニアと日本との関係は古く、二〇二二年は両国が外交関係を結んで一〇〇年の節目の年だった。「序文」ですでにジーカス大使が述べておられるように、両国の間にはさまざまのつながりがあり、また国民性にも似たところがあって、自然を敬愛するメンタリティーは相似形のように感じる。

だが、ひとたび国家の歴史を見ると、国民国家を取り戻した道のりは、日本よりもはるかに過酷で長い忍従の歳月を要した。バルト三国、中欧、東欧の国々が、ナチス・ドイツや旧ソ連の非情な支配にもがき苦しんだいたましさ、自分たちの言葉も文化も抑えつけられて従属せざるをえなかった暗黒の時代。そうした理不尽な現実を国民の力で排除した勇気を、私たちは彼らの歴史から知り、二十一世紀の現在もロシアと闘うウクライナから再び学んでいる。

ところで、近代国家に変容する日本の姿を歴史小説に仕立てた司馬遼太郎の『坂の上の雲』は、国民文学と称されるほど多くの人に読まれている。その第一部に次のような一文がある。

「維新によって日本人ははじめて近代的な『国家』というものをもった。（中略）たれもが『国民』になった。不馴れながら『国民』になった日本人たちは、日本史上の最初の体験者としてその新鮮さに昂揚した。このいたいたしいまでの昂揚がわからなければ、この段階の歴史はわからない」

（『司馬遼太郎全集24　坂の上の雲二』「第一部あとがき」より　文藝春秋刊）

この小説を初めて手にした時、国民国家の意味をそこまで理解していなかった私は、作家が言わんとする〝いたいたしいまでの昂揚〟という時代の気分が、正直よくわからなかった。それでも独特の語感をもつこの言葉は印象が強く、記憶の底でずっとゆらめいていた。その忘れかけていた語感が身体の奥の方から湧き上がってきたのは、二〇〇四年に初めてバルト三国（エストニア、ラトヴィア、リトアニア）を訪れた時。エストニアで開かれた「歌と踊りの祭典」の会場でのことだった。

色とりどりの刺繍やストリーマー（飾りリボン）をあしらった伝統衣装を着た合唱隊と観客が、国の内外から集まるメイン会場には、総勢数万人のコーラスが周囲の森にこだまして会場に響き渡っていた。小鳥の群れさえ梢に止まり、首をかしげて聞き惚れている壮大で、美しいメロディーの数々……。

フィナーレ近くになって、エストニアの第二の国歌とされる『わが祖国、わが愛』という曲が始まると、参加者は溢れる涙をぬぐおうともしないで民族の魂を唱和した。苦難の果てに独立を成し遂げた人びとの熱い息吹がハーモニーとなって会場は一体感に包まれた。そうか、自分たちの「国家」を、わが胸に抱くとはこういうことなのか……。その時、私は作家の言葉を実感した。

数年後に、国民が一体となって「国家」（ネイション）を復元したことを、リトアニアのランズベルギス元国家元首から伺った時も、司馬遼太郎が形容した明治時代の独特な気分、〝いたいたしいまでの昂揚〟に通じる空気を感じることができた。と同時に、生まれたときから日本の「国民」であることのありがたさを感じ、歴史の連続性の上に独立を回復したバルト三国の偉業を、改めて思い知った。このような体験が土台になって、私はバルト三国のリトアニアの歴史を、文化を、人々を、多くの方々からご教示を受けながら学んできた。カイリースに〝出会う旅〟を続けながら、そうしたことをわずかだがこの改訂版には加えさせていただいた。

本書の執筆にあたり、駐日リトアニア大使のオーレリウス・ジーカス大使、文化担当外交官のガビヤ・チュプリョニーテさん、リトアニア在住の瀬戸はるかさんにはとりわけお世話になった。瀬戸さんはこの本の柱となるカイリースの著作の翻訳を担当してくださった。一〇〇年も前の古めかしいリトアニア語と連日とり組み、三巻（『日本今昔』(Japonija seniau ir dabar)、『日本人の暮らし』(Kaip Japonai gyvena dabar)、『日本人の憲法』(Japonų Konstitucija) に及ぶ内容を短期間のうちに訳して下さった。

ただし、本書は抄訳である。記述がだぶっている部分や明らかに誤認している箇所は、翻訳者と駐日リトアニア大使館、編集者とも協議の上、日本の読者が理解しやすいよう整理した。瀬戸さんはまた、取材時の通訳としてカイリースの生まれ故郷やカイリース財団、ロムヴァの祭司の取材にも同行していただいた。

また、初版発行の際に貴重な時間を割いて下さったリトアニア共和国の元国家元首ヴィータウタス・ランズベルギス氏、リトアニアの近現代史についての知識を授けて下さったラウリナヴィチュス教授をはじめ、カウナス水道局の皆さんに改めて感謝を申し上げる。これらカウナス在住のキーパーソンの取材時に通訳をして下さったのは、当時、カウナスのヴィータウタス・マグヌス大学のアジア研究センターに所属し、日本学の第一人者として活躍しておられたオーレリウス・ジーカス氏であった。その彼が、前作の改定版を出すことが決まった二〇二二年から駐日大使として、さらに同年、ステポナス・カイリースを私に紹介して下さったガビヤ・チュプリョニーテ女史が、再び文化担当外交官として日本に赴任なさった。私にとってこの偶然は、ステポナス・カイリースがお二人を日本へ招いたとしか思えないのである。

改訂版では、アニークシャイ新市長のシグティス・オベレヴィチュスさん、市の国際交流課や観光課の方々、ほかクルクレイ村の皆さん、カイリースのご親族のビルーテさん、ロムヴァの祭司のイニヤ・トリンクーニエネさん、国立博物館の学芸員の方々など、多くの関係者のお世話になった。

カイリースの生まれ故郷にサクラを植樹して下さったＮＰＯ法人「育桜会」および

在福山リトアニア共和国名誉総領事の小丸成洋さん、カイリースの日本論をさらに多くの方々に知らせる機会を与えてくださった潮書房光人新社にも心からお礼を申し上げたい。いつもながら、多くの関係者の熱意がひとつになって、かたちになったとつくづく思う。

かえすがえすも残念だったのは、リトアニアで二〇〇二年に刊行されたカイリースの評伝の著作者、ゲディミナス・イルグーナス氏と取材のお約束までしながらお目にかかれなかったこと、カイリースの姪に当たるブローネさんとブローネさんの次女のリトゥーテさんが旅立ってしまったことである。お三方のご冥福を改めてお祈りしたい。

ところで「国土はその肥沃さに比例して耕されるものではなく、自由に比例して耕される」とフランスの思想家モンテスキュー（一六八九〜一七五五）が述べているように、常に国民の自由への希求、郷土への愛着、歴史の連続性を意識して国を耕し続けないと真の国民国家は実現しない。

リトアニア、ラトヴィア、エストニア、そしてウクライナは、新しい秩序をもとめて今も国家を〝耕している〟。私たち日本人は、国家を〝耕し続けてきた〟と胸を張って言えるだろうか？

一〇〇年以上前の明治日本に憧憬を抱いたステポナス・カイリースは、国家としての品格があり、太陽のように明るく、親切で、向学心に富んだ国民が一所懸命に明日を築いている東洋の島国に、自分たちの未来を重ね合わせ、祖国の人びとに紹介してくれた。私たちはこれからもカイリースが称賛してくれた日本人であり続けたいし、次世代のために国を耕し続けていかなければならない。

リトアニアと日本は、今後も互恵関係を構築できる得がたいパートナーであり続けるだろう。両国が互いに学び合いながらこの先もよき関係を築いていくことを、雲の上のベンチから、ステポナス・カイリースも楽しみに眺めてくれている。そう思う私はときどき空を仰いでみる。

二〇二三年　サクラの咲く季節に

平野久美子

■ステポナス・カイリース関連年表

国名	年号	カイリースの歩み	リトアニアと世界の出来事	日本の出来事
帝政ロシア	1868(明治元)			明治維新
	1871(明治4)			廃藩置県
	1879(明治12)	リトアニア北部のウジュネヴェジェイ村の地主の子として誕生		(後の)大正天皇誕生
	1885(明治18)			内閣制度発足
	1889(明治22)	パランガ中学校入学		大日本帝国憲法発布
	1894(明治27)	シャウレイにある高等学校(ギムナジウム)入学		日清戦争勃発(～1895)
	1895(明治28)			下関条約締結
	1898(明治31)	ペテルブルグ工科大学に入学		
	1899(明治32)	反ツァーリの学生運動に参加し、退学処分を受ける		
	1900(明治33)	ヴィルニュスに滞在中、社会民主主義の運動に参加		
	1901(明治34)	ペテルブルグ工科大学に復学		
	1902(明治35)			日英同盟締結
	1903(明治36)		ロシア社会民主党が分裂、ボルシェヴィキ(赤軍)誕生	

区分	年	出来事	世界の出来事	日本の出来事
帝政ロシア	1904（明治37）	日本の存在をとおしてナショナリズムに目覚める	リトアニア語、文字の禁止が解除となる	日露戦争勃発（〜1905）
帝政ロシア	1905（明治38）	ヴィルニュス大議院の副議長に選出される	第一次ロシア革命（血の日曜日事件）が起きる	ポーツマス条約締結
帝政ロシア	1906（明治39）	**日本論を三冊にまとめ、刊行**		
帝政ロシア	1907（明治40）	リトアニア社会民主党の代表としてロンドンへ	三国協商（ロシア、フランス、イギリス）成立	
帝政ロシア	1908（明治41）	ペテルブルグ工科大学を卒業、技師資格を取得。橋梁技師としてリトアニアで働く		
帝政ロシア	1910（明治43）			大逆事件が起きる
帝政ロシア	1911（明治44）	詩人のアロイザ・パシキエーヴィチと結婚		
帝政ロシア	1912（大正元）	ヴィルニュス市役所に建設技師として勤務		
帝政ロシア	1914（大正3）		第一次世界大戦始まる（〜1918年）	日本が第一次世界大戦に参戦
ドイツ	1915（大正4）	スメトナらと反ドイツの政治グループを結成	ドイツがリトアニアを占拠	
ドイツ	1916（大正5）	妻のアロイザが亡くなる		
ドイツ	1917（大正6）	**第一回リトアニア評議会の第一副議長になる**（議長はスメトナ）	第二次ロシア革命起きる	

国名	年号	カイリースの歩み	リトアニアと世界の出来事	日本の出来事
ドイツ	1918（大正7）	**リトアニア評議会のメンバーとして独立宣言書に署名、採択**	二月十六日、リトアニア、国家を再建	シベリア出兵
リトアニア共和国	1919（大正8）	侵攻してきたロシア赤軍から逃れ、カウナスへ亡命 臨時首都となったカウナスで食糧供給大臣を務める	スメトナが初代大統領に就任 ベルサイユ条約調印、ドイツでワイマール憲法公布 カウナスが臨時首都になる インドでガンジーが非暴力による独立運動を展開、中国で五四運動起きる 孫文が中国国民党を結成	
	1920（大正9）	社会民主党会派の代表となる	国際連盟発足	初のメーデー
	1921（大正10）		リトアニア、国際連盟加盟	
	1922（大正11）	第一回リトアニア議会（セイマス）に選出される	リトアニア憲法公布 ソビエト連邦の誕生	
	1923（大正12）	カウナス（現在のヴィータウタス・マグヌス）大学の工学部助教授に就任 オナ・レオナイテと再婚、ベルリンへ下水道の視察に出かける	初めての合唱祭がカウナスで開かれる	関東大震災
	1926（大正15）		スメトナが再び大統領に就任	大正天皇崩御

リトアニア共和国	1928（昭和3）	カウナスの上下水道工事が本格的に始まる		
	1929（昭和4）	市内の給水システム完成	世界恐慌が起きる	
	1930（昭和5）		ロンドンで軍縮会議が開かれる	
	1931（昭和6）	カウナス市役所給水・下水課長を退職		満州事変が起きる
	1934（昭和9）		ヒトラーが総統に就任し、ナチス・ドイツの勢力が拡大	
	1936（昭和11）		ソ連でスターリン憲法を制定	
	1937（昭和12）			日中戦争勃発
	1939（昭和14）	**カウナス大学教授となる**	ドイツがポーランドに侵攻、第二次世界大戦始まる（～1945）	ノモンハン事件が起きる 杉原千畝がリトアニア領事としてカウナスに着任
	1940（昭和15）	カウナス大学より名誉博士号を授与	ソ連がドイツとの密約によりバルト三国を併合	杉原がユダヤ人に大量のヴィザ発行
ソビエト	1941（昭和16）	42年までカウナス大学建設学部長を務める	計画的、大量のシベリアへの強制移住始まる ナチス・ドイツが不可侵条約を破り、リトアニアへ侵攻	太平洋戦争開戦
ドイツ（ナチス）	1942（昭和17）	学生に対するドイツ強制労働に反対し、逮捕される	ソ連とドイツがスターリングラードで攻防戦を展開	

国名	年号	カイリースの歩み	リトアニアと世界の出来事	日本の出来事
ドイツ（ナチス）	1943（昭和18）	リトアニア解放委員会の初代会長に選出される		ガダルカナル島から撤退
	1944（昭和19）	**ドイツ軍から逮捕令状が出て逃亡生活が始まる** 8月、スウェーデンへ逃亡を図り失敗、ラトヴィアの刑務所で服役。10月、解放されてベルリンへ移る	連合軍、ノルマンディーに上陸	米軍がサイパン・グアムに上陸
ソビエト	1945（昭和20）		ドイツ、無条件降伏	太平洋戦争終わる 日本無条件降伏
	1946（昭和21）			
	1947（昭和22）		ソ連と東欧6カ国がコミンフォルム結成	
	1948（昭和23）	**妻のオナがシベリアへ流刑になる**	チェコに共産党政権誕生、ソ連がベルリン封鎖	東京裁判結審
	1951（昭和26）	**米国へ亡命、ブルックリン到着**		
	1952（昭和27）	脳内出血発症		サンフランシスコ講和条約調印
	1953（昭和28）		スターリンが死去	
	1956（昭和31）	妻のオナが服役を終えてカウナスへ戻る	ソ連に対する民衆蜂起、ハンガリー動乱	日本とソ連が国交を回復
	1957（昭和32）	**回想録『リトアニアの目覚め』出版**		

リトアニア共和国 ソビエト

1960(昭和35)	1月、心臓病の発作に襲われる 12月、糖尿病が悪化して片足切断		
1961(昭和36)	甥の家から医療介護施設へと移る	東ドイツがベルリンの壁建設	
1962(昭和37)	スメトナ元大統領の評伝を書き終える		
1964(昭和39)	4月、2冊目の回想録『リトアニア、あなたへ』を出版、**12月16日死去**		東京五輪開幕
1968(昭和43)		プラハの春、共産党体制を改革する試みが起きる	
1970(昭和45)		ソルジェニーツィン、ノーベル文学賞受賞	
1988(昭和63)		独立運動組織「サユディス」発足	青函トンネル開通
1989(平成元)		ヴィルニュスとタリンの間に「人間の鎖」がつながる ベルリンの壁崩壊	昭和天皇崩御
1990(平成2)		リトアニア最高会議議長にランズベルギスが就任 リトアニアとラトヴィアが独立を宣言	大阪で「花博」開幕
1991(平成3)		リトアニア、ラトヴィア、エストニアが独立回復を果たす	証券、金融不祥事続く 湾岸戦争を支援

国名	リトアニア共和国		
年号	カイリースの歩み	リトアニアと世界の出来事	日本の出来事
1992(平成4)		憲法制定	
1993(平成5)		欧州連合発足	
1994(平成6)	ヴィルニュスに「ステポナス・カイリース通り」ができる		
1996(平成8)	**7月、遺言により遺骨がカウナスへ戻り、妻オナと同じ墓へ埋葬** 生まれ故郷のウジュネヴェジェイ村に記念碑が建つ	米国クリントン大統領、ロシアのエリツィン大統領ともに再選	沖縄の普天間基地返還合意 O157が猛威ふるう
1998(平成10)	カウナスの水道局前に胸像が建つ	ユーロ、欧州共通通貨に11カ国が参加	デフレスパイラル、平成大不況
2002(平成14)	作家イルグーナスにより、初の評伝が出版される		日韓W杯開幕
2004(平成16)		リトアニア、NATOとEUに加盟 ランズベルギス、欧州議会の委員に当選	自衛隊イラク派遣開始
2007(平成19)		平成天皇皇后両陛下リトアニア訪問	
2008(平成20)	クルクレイ村にカイリースの名を冠した	リーマンショック	日本人四人にノーベル

リトアニア共和国

	小中学校が開校		賞
2009（平成21）		リトアニア国名千年紀	民主党による政権交代
2010（平成22）		独立回復20周年	
2011（平成23）			東日本大震災
2013（平成25）		EU議長国を務める	
2015（平成27）		リタスを廃止し、ユーロ導入	
2016（平成28）			オバマ米大統領の広島訪問
2018（平成30）	カイリースの姪ブローネ・ラウペリエネ逝去	OECD加盟 安倍首相リトアニア訪問	
2019（令和元）	カイリース小中学校がアニークシャイ地域市バラナウスカス学校に吸収合併		平成から令和に改元
2020（令和2）		「杉原の年」と制定される	新型コロナウィルスの感染蔓延
2021（令和3）			東京五輪開幕
2022（令和4）	NPO法人『育桜会』が、カイリース小中学校と記念碑に桜を計四〇本寄贈	日本・リトアニア友好100周年 戦略的パートナーシップに格上げ	安倍元首相暗殺 四十数年ぶりの円安が進行 G7の一員としてウクライナ支援

国名	年号	カイリースの歩み	リトアニアと世界の出来事	日本の出来事
リトアニア共和国	2023（令和5）	アニークシャイ市、クルクレイ村で日本とリトアニアの文化交流		

本書は二〇一〇年に出版された『坂の上のヤポーニア』（産経新聞出版）を大幅に加筆、改訂して改題した。記述の一部に、日本航空機内誌『SKYWARD』（二〇一八年一〇月号）掲載記事の一部分を、新たに書き直して増補してある。

参考資料

ステポナス・カイリースが草案作成に加わったリトアニア共和国　第一次憲法

万能なる神の名において、リトアニア民族は自らの国家の独立を回復して祖国を解放するために行った立派な努力と崇高なる犠牲を、感謝の念とともに思い起こそう。リトアニア民族の独立した活動に強固なる民主主義的基盤を敷き、正義と法秩序が行き渡る条件を作り出し、すべての国民の平等と自由と福祉及び人々の勤労と道徳にふさわしい国家の保護を確保することを望んで、一九二二年八月一日、リトアニア民族の委任を受けた憲法制定会議の代表者たちはリトアニア国家憲法を採択した。

■総則

○リトアニア国家は独立した民主主義共和国である。国家主権は民族に属する。

○国家権力は議会と政府と裁判所が遂行する。

○リトアニア国家においては憲法に反するいかなる法律も有効とされない。

○リトアニア領土の国境は法律によってのみ変更されうる。
○リトアニア領土の行政区分は法律により定められる。
○国家言語はリトアニア語である。地域言語の使用については法律により定められる。
○国家の色は黄、緑、赤であり、国章は赤地に白のヴィーティスである。

■国民とその権利
○何人たりともリトアニア国籍と外国籍を同時に有することはできない。
○すべてのリトアニア国民は、男性も女性も法の下に平等である。出生や信仰や民族により特権を与えられたり、権利を制限されてはならない。
○国民個人は不可侵である。国民が逮捕、監禁されうるのは、犯罪を行っている現場で取り押さえられた場合、あるいは裁判権機関の決定による場合である。
○国民の住居は不可侵である。
○国民は信仰と良心の自由を持つ。
○国民には郵便、電話、電信での通信及び通知の機密性が保証される。
○国民には言論と報道の自由が保証される。

○国民には結社及び同盟の自由が保証される。
○職務を遂行する役人に侮辱された国民は、法律の規定する方法により、当該の役人をその上司の許可あるいは合意を得ずに裁判にかけ、損害賠償を求めることができる。
○あらゆる国民は議会に請願する権利を有する。
○国民は法律を発議する権利を有する。
○所有権は保護される。

■議会

○議会は国民の代表から成る。
○議員は全国民による平等直接秘密選挙により比例代表制で選出される。
○議会議員の選挙権を有するのは、完全な法的権利を持つリトアニア国民で、二十一歳に達している男性及び女性である。被選挙権は二十四歳に達している者である。
○議会選挙は三年毎に行われる。
○議会は法律を発する。

○議会は政府に質疑を行い、監査を行うことによって、政府の職務を監視する。
○国家予算及びその執行には議会の承認が必要である。
○政府が行う国家条約、平和条約、国家領土獲得・放棄・譲渡条約、外国との通商条約、外国借款、現行法を全面的あるいは部分的に破棄するか変更する条約、リトアニア国民に義務を負わせる条約、直接的あるいは間接的独占あるいは所有権を定める条約は、議会の承認を必要とする。
○戦争の開始及び終了は議会の権限である。
○敵国がリトアニアに対し宣戦布告した場合、あるいは宣戦布告無しにリトアニアの国境を侵した場合、議会無しで軍事行動が開始されうる。
○各議員は就任に当たり、リトアニア共和国に誠実であり、その法律を遵守し、民族の代表の信任を良心的に遂行することを宣誓するか、厳かに約束しなければならない。
○これを拒否するか、条件付きで行う者は代表としての信任を失う。
○議員は自らの良心のみに従い、いかなる機能も制限されてはならない。
○議員は任務遂行の際に述べたことについて裁判による罰を受けることは無い。
○議員の個人は不可侵である。

■政府

○政府は共和国大統領と内閣から成る。

○共和国大統領は議会が選出する。

○共和国大統領には、議会の議員として選出された三十五歳以上のリトアニア国民が選出されうる。

○共和国大統領の任期は三年である。

○共和国大統領は議会を解散する権利を有する。

○共和国大統領はすべての共和国武装軍隊の最高の長である。

○内閣は法案を作成し、議会に提出する。

○共和国大統領、首相あるいはその他の大臣に対して、職務犯罪あるいは国家背信の咎で刑事事件を立件することができるのは、議会の全議員の絶対的多数の票決があった場合のみである。立件された事件については、リトアニア最高裁判所が判決を下す。

■裁判所
○裁判所は共和国の名で法律を執行し判決を下す。
○裁判所はすべての国民に平等である。

■教育
○子供の養育は親の最重要の権利であり、自然の義務である。
○初等教育は義務とされる。初等教育は無料である。

■信仰及び礼拝対象物
○リトアニアにあるすべての宗教団体に対して国家は、各団体の宗規あるいは規約に従って取り仕切り、自らの信仰の教えを自由に発表し、礼拝の儀式を執り行い、礼拝堂や学校、養育団体や慈善団体を設立し、修道院や修道会、修道僧団を設立し、信仰団体の業務のために信者から資金を集め、動産及び不動産を獲得し、それを運営する権利を平等に認める。
○国家は新たに現れた宗教団体を、その信仰と道徳の教えと規律が公的秩序と道徳に反していない場合、認める。このような団体の出現と存続条件は法律により定められる。

■国家経済政策基準

○すべての経済分野において、国民には職業と創意の自由が与えられる。

○土地管理の基盤となるのは個人所有法である。

■社会保障

○人間の労働力は該当する法律で保護される。国家は別途法律により、疾病、老齢、不慮の事故及び失業の状態にある労働者を保護する。

○家庭生活の基盤は結婚である。その基礎として男女同権が規定される。母性は特に国家により保護される。

ファーマーズマーケット……ヴィルニュスやカウナスなど都市部では、毎月日時を決めて、近隣の農家が手作りのオーガニック食品(だけとは限らないが、野菜、果物、パン、ハチミツ、チーズ、ハム、ソーセージなど)と手芸品(ニット製品、麦わら細工、キッチン小物など)を並べてマーケットを開く。運良くそうした催しに行き当たったら、リトアニアのソウルフードを買い込もう。もし、ファーマーズマーケットに遭遇できそうもなければ、市民たちが通う公営市場へ出かけるといい。

ればならなかったか？リトアニアやヨーロッパ各国の現代史を考えるよい機会となる。

国立博物館……ヴィルニュスの大聖堂の裏手にある国立博物館は、19世紀の格調ある建物だ。リトアニアの歴史から文化までを知る格好の場所で、麦わら細工のソダスや養蜂道具、各地方の民族衣装など、フォークロアの展示は興味深い。

アニークシャイ市……ハイキング、サイクリング、レイクリゾートなど、アウトドア派に人気のある地方都市。郊外には、約2万年前の氷河期のものと言われる珍しい巨石がある。ヴィルニュスからは、乗用車があれば2時間弱で到着。公共交通を使う場合は、ヴィルニュス駅前のバスターミナルから、アニークシャイ行きの直行バスが便利。ただし、運行本数が少ないので往復の時間を調べた上で乗車した方が良い。なお、カイリースの記念碑のあるウジュネヴェジェイ村まではタクシーを利用。

ドゥルスキニンカイの〝十字架街道〟……ヴィルニュス南部にある歴史の古い温泉保養地ドゥルスキニンカイへ向かう国道4号線の一部では、デザインの凝ったリトアニアの十字架が農家の庭先に建っている光景を目にする。家の敷地に立ててある十字架以外にも、道路や畑や森のそばにもあって独特のデザインは見飽きることがない。バスや車を利用して温泉へ保養に出かけるついでにリトアニア独特の十字架も見学したい。

KGB博物館……1992年開館の「占領と自由闘争の博物館」。ソ連の秘密警察KGBの本部があった建物を利用して、占領時代に市民を抑圧、迫害したKGBの非道な所業とそれに立ち向かった犠牲者を記念する博物館。ヴィルニュス市内にある。2階は人権博物館になっている。

カウナス市……ネムナス川とネリス川が合流する地点に発達した、リトアニア第二の都市。1918年にリトアニアは国家の再建をとげたが、首都ヴィルニュスがソ連とポーランドの戦場となり1922年ポーランドが占領したため、リトアニア共和国はカウナスを臨時首都とした。旧市街を散策すればわるようにその歴史は古く、風情がある。バレーや合唱、ジャズが盛んな土地柄でもある。

杉原千畝記念館……1939～1940年まで日本領事館として使われていた建物を改修して、「命のヴィザ」を発給した戦前の外交官杉原千畝を顕彰している。

ヴィルニュスの旧ユダヤ人街……17世紀以来、ヴィルニュスは多くのユダヤ人が住み着き、文化や経済の発展に貢献してきたが、20世紀に入りナチドイツと旧ソ連の侵攻に苦しんだリトアニアでは、多くのユダヤ人が犠牲となった。ヴィルニュスのガオノ通りにはゲットーの在りかを示す記念板が設置されている。そのほかシナゴーグやユダヤ人の記念館もあるので訪ねてみたい。なぜ多くのユダヤ人が命を落とさなけ

が1時間に1便ほど出ているが、タクシー利用をおすすめする。

ゲディミナス大公の像……ヴィルニュスの旧市街入り口に立つ大聖堂前の広場にある。馬を従えて剣を持つ姿が印象的だ。

独立宣言署名者記念館……ヴィルニュス旧市街のピリエス通りに面した記念館。1918年の国家再建はまさにこの場所から始まった。1階は当時、同士が集まったカフェでもあった。2階に上がると、当時の昂揚感が甦る展示が各部屋にあふれている。18世紀以来、外国勢力によって主権を奪われたリトアニアが、どのように国家を再建する努力をし、見事に果たしたかという当時の政治状況を知ることができる。ステポナス・カイリースについても写真とともに説明(英語とリトアニ語のみ)があるので、ぜひ立ち寄って頂きたい。なお、1992年まで住んでいたオーナーが自宅を市に寄贈して、現在の記念館となった。

国立チュルリョーニス美術館……国民的人気を誇る画家で作曲家のチュルリョーニスを記念する美術館。彼が日本画法に触発されて描いたもの、リトアニアの神話から題材を取った絵画の数々が一堂に展示されている。カウナスの目抜き通りからも近い。

ヴィルニュス駅……1860年開業。駅舎は1950年に再建された。駅の脇に、第二次大戦直後シベリアへ市民らが送られた貨車が陳列されている。

本書の旅への誘い

本文に登場する観光名所の史跡や博物館やステポナス・カイリースに関係するいくつかの場所について、簡単な情報を以下に記した。リトアニアに旅行をする機会があれば、訪ねてみてはいかがだろうか。(順不同)。

ウジュピス共和国……ヴィルニュス市内にありながら、独自の大統領や国旗や憲法を持つ「共和国」の一帯。芸術家が多く住み〝ヴィルニュスのモンマルトル〟と言われ、文化の発信地となっている。個性的なカフェやレストランも多く、解放区のような雰囲気が若者や観光客に人気だ。

夏至祭……毎年6月23日の夜に催す伝統的なお祭り。特に、ヴィルニュスから車で半時間ほどのユネスコの世界遺産に登録されている古都ケルナベでの夏至祭は有名だ。

雷神ペルクーナスの家……カウナス旧市街のネムナス川のほとりに建つ15世紀のゴシック風の建物。昔は貿易の拠点として使われていた。壁の中から原始宗教のペルクーナス神の像が発見されたので、この名がついた。

シャウレイ・十字架の丘……ほとんどのツアーが訪れる必見の観光名所。個人で訪ねる場合は、シャウレイのバスターミナルから十字架の丘(最寄り駅はドマンタイ)まで、路線バス

参考書籍一覧

「日露戦争と露西亜革命」上中下巻　ウイッテ著　大竹博吉監訳　ロシア問題研究所＊「もうひとつの日露戦争」コンスタンチン・サルキソフ著　鈴木康雄訳　朝日新聞出版＊「ソ連から見た日露戦争」ロストーノフ編　大江志乃夫監修　及川朝雄訳　原書房＊「日露戦争を世界はどう報じたか」平間洋一編著　芙蓉書房出版刊＊「兵士たちがみた日露戦争―従軍日記の資料が語る坂の上の雲―」いちょうコンソーシアム企画　横山篤夫、西川寿勝編著　雄山閣＊「新聞雑誌発生事情」興津要著　角川選書＊「明治維新の意味」北岡伸一著　新潮選書　新潮社＊「日本の歴史十四巻　明治時代中期から一九二〇年代『いのち』と帝国日本」小松裕著　小学館＊「福翁自伝」福沢諭吉著　慶應義塾大学編＊「福沢諭吉全集　第十五巻」福沢諭吉著　岩波書店＊「福沢諭吉全集　第十六巻」福沢諭吉著　岩波書店＊「幕末遣外使節物語夷狄の国へ」尾佐竹猛著　講談社学術文庫＊「聖フランシスコ・ザビエル全書簡第三巻」河野純徳訳　東洋文庫　平凡社＊「ドイツ宣教師の見た明治社会」C・ムンチンガー著　生熊文訳　新人物往来社＊「ミットフォード日本日記」A・B・ミットフォード著　長岡祥三訳　講談社学術文庫＊「オーストリア外交官の明治維新」アレクサンダー・F・V・ヒューブナー著　市川慎一、松本雅弘訳　新人物往来社＊「ゴードン・スミスの見た明治の日本」伊井春樹著　角川学芸出版＊「夢見た日本　エドモン・ド・ゴンクールと林忠正」小山ブリジット著　高頭麻子、三宅京子訳　平凡社＊「マルコ・ポーロ／ルスティッケロ・ダ・ピーサ世界の記」高田英樹訳　名古屋大学出版会＊「千畝」ヒレル・レビン著　諏訪澄、篠輝久監修・訳　清水書院＊「リトアニアと杉原千畝」重枝豊英著　国書刊行会＊「回想録リトアニア」ユオザス・ウルブシス著　村田陽一訳　新日本出版社＊「リトアニア　わが運命」ヴァルダス・アダムクス著　村田郁夫訳　未知谷＊「森の中で」ジョナス・メカス著　村田郁夫訳　書肆山田＊「わが生涯」イサドラ・ダンカン著　小倉重夫、阿部千律子訳　冨山房＊「北の十字軍・ヨーロッパの北方拡大」山内進著　講談社＊「バルト三国史」鈴木徹著　東海大学出版会＊「リトアニア　小国はいかに生き抜いたか」畑中洋子著　NHKブックス＊「物語バルト三国の歴史」志摩園子著　中公新書＊「チュルリョーニスの時代」ヴィータウタス・ランズベルギス著　佐藤泰一訳　ヤングトゥリープレス＊「思想のマルチリンガリズム」小島亮著　現代思潮新社＊「帝国を撃て　平民社１００年国際シンポジウム」梅森直之編著　論創社＊「ポーランド史」1・2巻　ステファン・キェニェーヴィチ編　加藤一夫、水島孝生共訳　恒文社刊＊「日本・ポーランド関係史」エヴァ・パワシュ＝ルトコフスカ、アンジェイ・T・ロメル著　柴理子訳　彩流社刊＊「リトアニアを知るための６０章」櫻井英子編著　明石書店

＊「THE SPIRIT OF NATURE」Romualdas NEIMANTAS leidykla Tyto Alba＊「STEPONAS KAIRYS」Gediminas ILGŪNAS　leidykla VAGA＊「Tau, Lietuva」Steponas KAIRYS Amerikos lietuvių socialdemokratų sąjungos Literatūros fondas＊「BALTIC RELIGION TODAY」Jonas TRINKŪNAS

翻訳(Translation)
Haruka SETO　瀬戸はるか

撮影(Photograph)
Kumiko HIRANO　平野久美子　Tadashi MISHIMA　三島正

写真提供(Photo courtesy)
Gabija ČEPULIONYTĖ　ガビヤ・チェプリョニーテ

取材協力・資料提供(Special Thanks to:)
Gabija ČEPULIONYTĖ　ガビヤ・チェプリョニーテ＊Rasa ČERNIAUSKAITĖ　ラサ・チェルニャウスカイテ＊Algimantas JURKUS　アルギマンタス・ユルクス＊Angelė DŪDIENĖ　アンゲレ・ドゥーディエネ＊Dobilas KIRVELIS　ドビラス・キルヴェリス＊Bronius KRIŠČIŪNAS　ブロニュス・クリシチューナス＊Prof. Dr. Vytautas LANDSBERGIS　ヴィータウタス・ランズベルギス＊Dr. Česlovas LAURINAVIČIUS　チェスロヴァス・ラウリナヴィチュス＊Miglė LEBEDNYKAITĖ　ミグレ・レベドニーカイテ＊Dr. Dainius MARTUZEVIČIUS　ダイニュス・マルトゥゼヴィチュス＊Sigutis OBELEVIČIUS　シグティス・オベレヴィチュス＊Dr. Birutė Elena RAILIENĖ　ビルーテ・エレナ・ライリエネ＊Bronė RAUPELIENĖ　ブローネ・ラウペリエネ＊Ritutė RAUPELYTĖ　リトゥーテ・ラウペリーテ＊Birutė ŽUKAUSKIENĖ　ビルーテ・ジュカウスキエネ＊Dalia STRIMAITYTĖ　ダリア・ストリマイティーテ＊Adolfas TERESIUS　アドルファス・テレシュス＊Inija TRINKŪNIENĖ　イニヤ・トリンクーニエネ＊Kristina JAKUBAUSKAITĖ-VERŠELIENĖ　クリスティナ・ヤクバウスカイテ・ヴェルシェリエネ＊Dr. Aurelijus ZYKAS　オーレリウス・ジーカス

リトアニア共和国文化省＊リトアニア科学アカデミー図書館＊リトアニア国立マルティーナス・マジュヴィーダス図書館＊リトアニア国立博物館フォークロア部門＊リトアニア歴史研究所　二十世紀歴史研究局＊ヴィータウタス・マグヌス大学＊ステポナス・カイリース財団＊カウナス市水道局＊独立宣言署名者記念館＊アニークシャイ市　文化観光コミュニケーション課＊クルクレイ村ステポナス・カイリース小中学校＊在リトアニア日本国大使館＊駐日リトアニア共和国大使館＊リトアニア名誉総領事　小丸成洋＊NPO法人「育桜会」
松澤寛文

装　幀　伏見さつき
DTP　佐藤敦子

産経NF文庫

リトアニアが夢見た明治日本

二〇二三年四月二十二日　第一刷発行
著者　平野久美子
発行者　皆川豪志
発行・発売　株式会社　潮書房光人新社
〒100-8077　東京都千代田区大手町一-七-二
電話／〇三-六二八一-九八九一(代)
印刷・製本　凸版印刷株式会社
定価はカバーに表示してあります
乱丁・落丁のものはお取りかえ致します。本文は中性紙を使用
ISBN978-4-7698-7058-6　C0195
http://www.kojinsha.co.jp

産経NF文庫の既刊本

トオサンの桜　台湾日本語世代からの遺言　桜林美佐

「私たちは中国人ではない」彼らがこだわり続けた「元日本人」の矜持！　日本語を学び、大和心を胸に秘め、戦後台湾を生き抜いたトオサン（多桑＝父さんの台湾語）たちが贈るラストメッセージ。彼らの伝えたい歴史にはどんな真実があるのか。魂の叫びを綴る。

定価924円（税込）　ISBN 978-4-7698-7048-7

台湾に水の奇跡を呼んだ男　鳥居信平　平野久美子

大正時代、台湾の荒地に立ち、緑の農地に変えることを誓って艱難辛苦の工事をやり通した鳥居信平——彼の偉業は一〇〇年の時を超えて日台をつなぐ絆となった。「実に頭の下がる思いがします」と元台湾総統の李登輝氏も賛辞を贈った日本人水利技術者の半生を描く。

定価891円（税込）　ISBN978-4-7698-7021-0

産経NF文庫の既刊本

台湾を築いた明治の日本人　渡辺利夫

なぜ日本人は台湾に心惹かれるのか。「蓬莱米」を開発した磯永吉、東洋一のダムを築いた八田與一、統治を進めた児玉源太郎、後藤新平……。国家のため、台湾住民のため、己の仕事を貫いたサムライたち。アジアに造詣の深い開発経済学者が放つ明治のリーダーたちの群像劇！

定価902円（税込）

ISBN 978-4-7698-7041-8

「賊軍」列伝　明治を支えた男たち　星　亮一

一夜にして「逆賊」となった幕府方の人々。戊辰戦争と薩長政府の理不尽な仕打ちに辛酸をなめながら、なお志を失わず新国家建設に身命を賭した男たち。盛岡の原敬、水沢の後藤新平、幕臣の渋沢栄一、会津の山川健次郎……。各界で足跡を残した誇り高き敗者たちの生涯。

定価869円（税込）

ISBN 978-4-7698-7043-2

産経NF文庫の既刊本

韓国でも日本人は立派だった　喜多由浩
証言と史料が示す朝鮮統治の偉業

日本は確かに朝鮮を統治した。だが、近代化のために「良いこと」をたくさんやった。他民族の統治において、日本ほどフェアに一生懸命がんばった国はない。事実を知れば、日本のフェア精神、血と汗と投資に誇りを感じます。私たちは先人の仕事に胸を張っていい!

定価902円(税込)　ISBN978-4-7698-7027-2

旧制高校物語　真のエリートのつくり方　喜多由浩

私利私欲なく公に奉仕する心、寮で培った教養と自治の精神……。中曽根康弘元首相、ノーベル物理学賞受賞の小柴昌俊博士、作家の三浦朱門氏など多くの卒業生たちが旧制高校の神髄を語る。その教育や精神を辿ると、現代の日本が直面する課題を解くヒントが見えてくる。

定価902円(税込)　ISBN978-4-7698-7017-3

産経NF文庫の既刊本

日本人なら知っておきたい英雄　ヤマトタケル

産経新聞取材班

古代天皇時代、九州や東国の反乱者たちを制し、大和への帰還目前に非業の死を遂げた英雄ヤマトタケル。神武天皇から受け継いだ日本の「国固め」に捧げた生涯を南は鹿児島から北は岩手まで、日本各地を巡り、地元の伝承を集め、郷土史家の話に耳を傾けて綴る。

定価891円（税込）　ISBN 978-4-7698-7015-9

教科書が教えない　楠木正成

産経新聞取材班

明治の小学生が模範とした人物第一位——天皇の求心力と権威の下で実務に長けた武士が国政を取る「日本」を夢見て、そのために粉骨砕身働いたのが正成という武将だった。戦後、墨塗りされ、教科書から消えた正成。日本が失った「滅私奉公」を発掘する。

定価990円（税込）　ISBN 978-4-7698-7014-2

産経NF文庫の既刊本

日本が戦ってくれて感謝しています2

あの戦争で日本人が尊敬された理由

井上和彦

第1次大戦、戦勝100年「マルタ」における日英同盟を序章に、読者から要望が押し寄せたインドネシア——あの戦争の大義そのものを3章にわたって収録。日本人は、なぜ熱狂的に迎えられたか。歴史認識を辿る旅の完結編。15万部突破ベストセラー文庫化第2弾。

定価902円（税込）　ISBN978-4-7698-7002-9

日本が戦ってくれて感謝しています

アジアが賞賛する日本とあの戦争

井上和彦

インド、マレーシア、フィリピン、パラオ、台湾……日本軍は、私たちの祖先は激戦の中で何を残したか。金田一春彦氏が生前に感激して絶賛した「歴史認識」を辿る旅——涙が止まらない！　感涙の声が続々と寄せられた15万部突破のベストセラーがついに文庫化。

定価946円（税込）　ISBN978-4-7698-7001-2